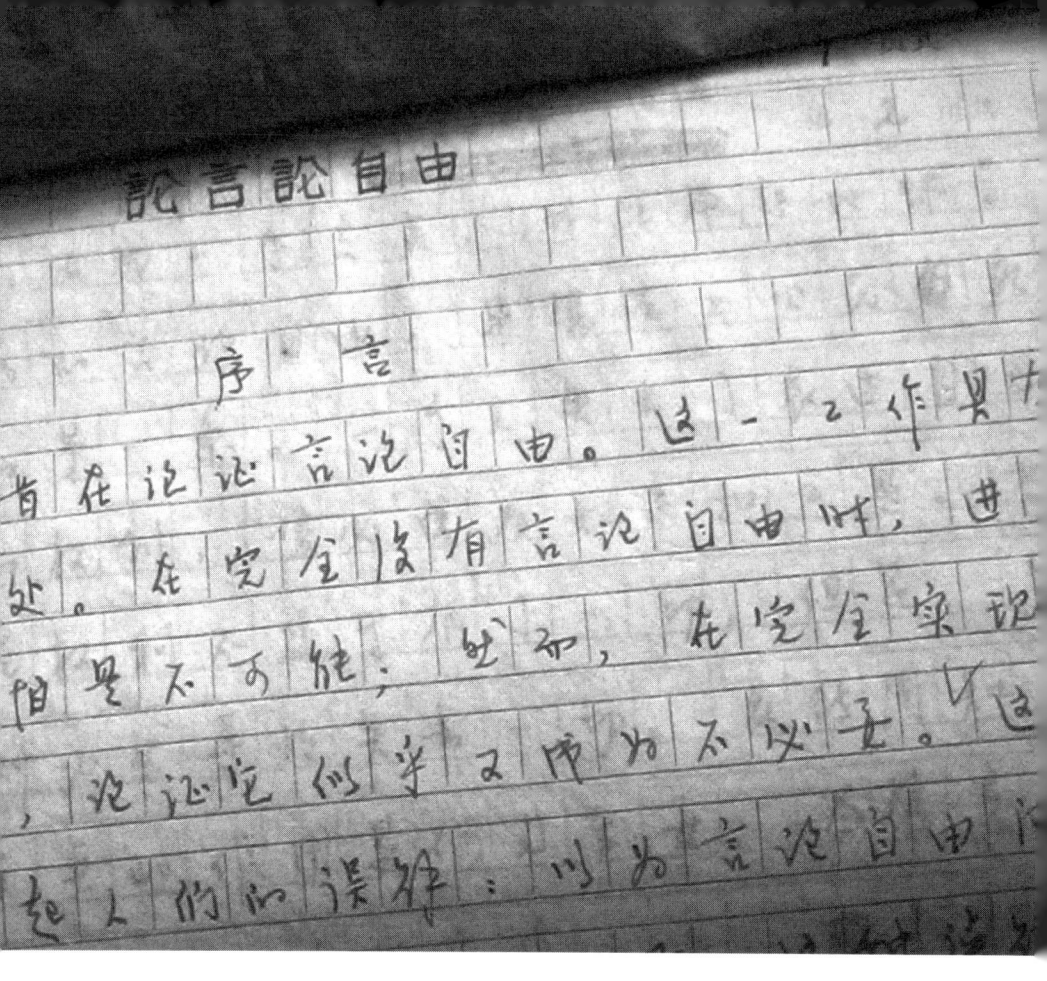

言論の自由と
Freedom of Speech and Democracy in Contemporary China
中国の民主

胡 平 著　石塚 迅 訳

現代人文社

目　次

私はなぜ「言論の自由を論ず」を書いたのか──序に代えて　6

1．私はどのようにして言論の自由の問題を思考したのか 6
2．言論の自由は全体主義的制度を打破する突破口である 8
3．適切な表現と論証の方法の探求 9
4．「民主の壁」の時期が絶好のチャンスであった 12
5．「競選」の成功と言論の自由の理念の伝播 17
6．政治改革討論から1989年民主化運動へ 20
7．「六四」後の中国において、言論はどれほど自由になったのか 21
8．「08憲章」の問題は言論の自由の問題なのである 23
9．中国の経済改革の致命的な弱点 24
10．中国の問題は世界の問題でもある 26

言論の自由を論ず　27

序言　27

第1章　言論の自由の意義と価値　27

1．「我に支点を与えよ、されば地球をも動かさん」................................ 27
2．言論の自由の意義 28
3．「自由」という語に対する説明 28
4．「言う者に罪なし［言者無罪］」について 29
5．言論と行動を混同して論じてはならない 29

6．義務の遵守について ……………………………………………………………… 30
7．憲法もまた批判できるものである ……………………………………………… 30
8．前節の続き ………………………………………………………………………… 32
9．言論と行動とは明確な限界を有する …………………………………………… 33
10．誣告、誹謗および煽動の罪について …………………………………………… 33
11．いわゆる「ブルジョア階級の言論の自由」に反駁する ……………………… 34
12．ブルジョア階級の民主の欺瞞性について ……………………………………… 35
13．言論の自由は封建社会における言論自由化ではない ………………………… 37
14．毛沢東同志の言論の自由に関する論述 ………………………………………… 38
15．全面的に言論の自由を解明すべきである ……………………………………… 40
16．言論は法律が処罰する対象ではない …………………………………………… 41
17．たとえ、言論の処罰が可能であっても、その基準を確定することはできない …… 44
18．前節の続き ………………………………………………………………………… 46
19．発言者を罪に問うことは犯罪処罰の正当な意義に合致しない ……………… 47
20．言論の自由を実行するか否かについての利害の比較 ………………………… 51
　⑴　言論の自由の実行は真理の認識に有利である　51
　⑵　言論の自由の実行は真理の発展に有利である　54
　⑶　言論の自由の実行は真のマルクス主義者を養成するのに有利である　56
　⑷　言論の自由の実行は国家の統一に有利である　61
　⑸　言論の自由の実行と政権の強化　63
　⑹　言論の自由の実行は全面的比較の結論である　74
21．言論を罪に問うことを実行する場合の深刻な効果 …………………………… 76
22．言論を罪に問うことと進歩 ……………………………………………………… 79
23．自由はいかにして破壊されるのか ……………………………………………… 80

第2章　言論の自由の力量とその実現過程　81

1．各国において言論の自由の実現はいずれも曲折の過程を経てきている ……… 81
2．「評法反儒」からみた封建余毒の影響 …………………………………………… 82
3．法律と権力 ………………………………………………………………………… 84
4．現代専制主義の神秘 ……………………………………………………………… 85
5．民主は我々の時代の本能である ………………………………………………… 88

6．憲法の作用 90
7．法律的観点から問題を観察すべきである 91
8．言論の自由を人心に深く根づかせることを重視しなかったのは、過去の民主化運動の重要な欠陥であった 93
9．過程と岐路 95
10．新興国家の「法があっても依拠しない」現象の歴史的原因 97
11．民主革命不徹底の後遺症 100
12．言論の自由推進の根本的道程 101
13．前節の続き——民主のパラドックス 103
14．勇敢と賢明 104
15．選択 107
16．民主と現代化の関係 109
17．前節の続き——順序の問題について 113
18．改革と権力の制限 116
19．言論の自由の原則を人心に深く根づかせなければならない 121
20．「ここがロドスだ、ここで跳べ」 123

結語　124

言論の自由は第一の人権である　125

第1章　公に平和的に追悼をする権利　125

第2章　人権概念上の様々な混乱を一掃する　127

第3章　反人権論分析　129

1．文化相対主義について 129
2．牛存権と言論の自由について 131
3．安定と個人の権利について 134
4．「国情」について 136

5．人権の尊重と人権の蔑視との限界を混淆してはならない……………………137

第4章　なぜ、言論の自由が第一の人権なのか　141

私はなぜ「言論の自由を論ず」を翻訳したのか——解説に代えて　146

第1章　胡平論文との出会い　146

第2章　胡平氏の略歴および胡平論文をめぐる論争　149
　　　——「言論の自由を論ず」が提起したもの

1．胡平論文の発表とそれをめぐる政治的状況………………………………………150
　(1)『七十年代』誌上における発表（1981年）　150
　(2)『青年論壇』誌上における発表（1986年）　152
2．胡平論文の主要論点…………………………………………………………………155
　(1) 言論の「自由」について　155
　(2) 言論の自由の階級性について　156
　(3) 言論の処罰（反革命罪）について　156
3．胡平論文に対する反響………………………………………………………………158
　(1)『紅旗』反駁論文（1981年）　158
　(2)『青年論壇』誌座談会（1986年）　162

第3章　「中国的人権観」における言論の自由の位置　163
　　　——「言論の自由は第一の人権である」が批判したもの

1．鄧小平の言論の自由観………………………………………………………………164
2．「人権白書」における言論の自由…………………………………………………167

第4章　『言論の自由と中国の民主』と日本　169

訳者あとがき　171

私はなぜ「言論の自由を論ず」を書いたのか
——序に代えて

　私が30年前に発表した「言論の自由を論ず［論言論自由］」〈訳注1〉を、石塚迅さんと現代人文社・北井大輔さんが日本語に翻訳して出版して下さることに感謝申し上げたい。日本の読者にこの論文をよりよく理解していただくために、私は、私の言論の自由の問題に対する思考、この論文を執筆・発表した前後の経歴・状況について、日本の読者に紹介させていただく必要があると考えた。

1．私はどのようにして言論の自由の問題を思考したのか
　私は、「文化大革命」の時期に、言論の自由の問題について思考をスタートさせた。私が言論の自由の理念を形成する思索の過程の中で、最も重要な要素が2つあった。一つは、社会上の残酷な現象に対する強烈な反感と恐怖であり、もう一つは、人の理性と知識に対するある種の懐疑の精神である。
　「文化大革命」が爆発した年——1966年——、私は、四川省成都市において高等学校に通っており、ちょうど卒業試験を終えたばかりであった。毛沢東時代に成長した青年の一人として、我々は、小さい頃から政府・共産党側［官方］のイデオロギーをたたき込まれ、自由・民主の思想については何も知らなかった。「文化大革命」の初期において、私も、自らを改造し世界を改造するという願望を抱き、積極的に運動に身を投じた。当時の私は、独善的に、共産党の理論や制度を擁護していた。それゆえ、名義上は「革命」であり、「思想教育」、「思想改造」であるが、実際には政治的迫害であった様々な行為についても、理論上賛同していたのである。ただし、このような迫害の極端な

〈訳注1〉［　］：本書では、適切な日本語訳がみつからない場合、または、参考として中国語の原語を併記することが有益である場合には、中国語の原語を［　］に入れて表記している（木間正道・鈴木賢・高見澤磨・宇田川幸則『現代中国法入門〔第4版〕』〔有斐閣、2006年〕xv頁の凡例にならった）。

残酷性については、心の奥底では嫌悪感をもたざるをえなかった。とりわけ、このような迫害が加えられた対象は、その絶対多数が、政府・共産党側［官方］と異なる意見を発表したにすぎないがゆえのものであり、したがって、その残酷性は私にとってより受け入れがたいものとなった。私自身もまた、あれやこれやと異なる意見を有していたがために、一度ならず批判される羽目になった。このことは、私に経常的に恐怖を感じさせると同時に、そのような恐怖から抜け出したいという希求を強烈にかき立てた。私は、共産党がこのように意気盛んに政治的迫害を実行するのは、彼らが、自分たちだけが絶対正確な客観的真理を掌握していると断言しているからであるということを発見した。このことは、私の思考を展開し知識を追求するにあたっての慎重な態度および自己懐疑の態度と鋭く衝突した。これと同時に、私は、さらに、大なり小なり権力を掌握する者たちは、実際には真理そのものに対しては無関心であり、真理を人を抑圧する武器とみなすことに熱中しているにすぎないということも発見した。言論を罪に問う［因言治罪］という政治的迫害に対する反感と恐怖から、私は、専横権力の制限の必要性と異議の保護の必要性を悟り始め、次第に、言論の自由の概念を形成させていったのである。

　1970年の春、私は、当時の中国社会に対する自らの系統立った観点を形成した。私は、我々が現在きわめて暗黒かつ残酷な制度の下で生活しているということを認識した。この制度の恐ろしいところは、それの思想に対する全面的な統制および残酷な抑圧という点にある。このような制度の下で、重大な異なる政治的見解の表現は、すべて死の危険を招く可能性がある。最も恐ろしい点は、共産党が一切のマス・メディアを独占し、さらに、その権力を私的空間にまで伸張させているため、人々は、公に異議を表現する機会を根本的に有していないという点である。多くの人は、壁新聞［大字報］を貼り出しただけで、何枚かのビラを配布しただけで、あるいは、親戚や友人との私信の中で自らの政治的観点を述べただけで、調査され逮捕される。そして、容赦のない鎮圧に遭うのである。彼らは、異議をもっているがゆえに迫害に遭うが、彼らのもっている異議は、社会にはまったくきこえてこないのである。

　この点を認識したことは、間違いなく、私に大きな苦痛と絶望をもたらした。私は思った。このような時代に、このような国で、不幸にも生活している中で、自由な魂がなしうる唯一のことは、すなわち、黙々と筆を手に取って、

ひそかに眼前で発生している一切を書き留め、この制度が崩壊する日、または統制が大幅に緩和される日を待ち続け、その日が来れば、自らが書き記した文字・言葉を世間に公表し、同胞や全世界の人にこのひどく重い冷戦下の「鉄のカーテン」の陰で展開されたこの上ない苦痛の真実を知らしめることなのかもしれない、と。しかしながら、他方で、こうも思った。我々は、暗黒の現実の記録者にしかなりえないのであろうか。我々は、他の人が我々を救い出し、彼らのところで大声で話をする機会を得ることを待つことしかできないのであろうか。我々がこの罪深い制度に対して自発的・積極的に挑戦することは、本当に不可能なのであろうか。

２．言論の自由は全体主義的制度を打破する突破口である

　共産主義という全体主義的制度［極権制度］に対する批判的意識を形成した後、私が思索に苦しんだ問題は、我々はどのようにすれば全体主義［極権主義］に打ち勝つことができるかということであった。私は、この制度が堅牢で打ち壊すことができないと信じてはいなかった。必ずや突破口がみつかるはずだと信じていた。私は、自らに次のような目標を立てた。必ず、この制度に対して正面から挑戦すること。必ず、この制度の目の届くところで、公に挑戦すること。必ず、一市民の身分で、いかなる権勢の助けも借りないこと。必ず、この制度の致命的なところを攻撃し、同時に、それに自らが飲み込まれないようにすること。

　突破口を探し出すために、私は、たくさんの問題について考えた。例えば、個人崇拝反対の問題、人道主義と異化の問題、新しい階級の問題等である。そして、とうとう、私は、言論の自由こそが最も重要な問題であるという結論に到達した。なぜなら、全体主義的統治［極権統治］は、全面的な思想統制の助けを借りて、無比強大なものへと変容しているが、それは、言論の自由の原則を公に否認できないために、自らのきわめて虚弱な一面をもさらけ出しているからである。ひとたび、人々の思想・言論に対する統制を失えば、全体主義的統治［極権統治］は、その力量のすべてを喪失するであろう。過去において、全体主義的統治［極権統治］が、全面的に思想を統制することができたのは、多くの人が、言論の自由を重視せず、言論の自由の真の意義［含義］を理解していなかったためである。政府・共産党側［官方］のイデオロギー、とりわけ偉大な領袖に対する熱狂的な盲信から、多くの人が、異なる政治的

見解の持ち主に対する迫害に積極的に参加した。全体主義的統治［極権統治］は、人々の愚昧と熱狂を利用して打ち立てられたのである。私は、全体主義的統治者［極権統治者］が自動的に転変することを期待してはいないが、民衆が愚昧と熱狂から抜け出ることを期待することはできる。それには、何よりもまず、人々に言論の自由の原則を理解させることである。言論の自由を勝ちとるための第一歩は、直ちに共産党およびその指導者を直接的に批判することではなく、民衆に対して、言論の自由の原則について正面から詳述することなのである。

　私がみたところ、言論の自由の原則を解明することには、以下のようないくつかの利点がある。①言論の自由に関する原則はきわめて簡単なものであるため、少しでも常識を具えている人であれば、それを正確に把握・理解することができる。②言論の自由の原則は、ひとたび、それがはっきりと解明されれば、その含意［含義］は、十分に明晰かつ確定的であるため、専制者たちがそれを歪曲・混淆することはきわめて困難となる。③全体主義的統治者［極権統治者］たちも、言論の自由の原則を公に拒絶することはできない。このことにより、彼らは、言論の自由の問題において、劣勢・守勢に立たざるをえなくなり、必然的に次第に敗退へと向かうことになる。④言論の自由の原則は、きわめて大きな説得力を具え、それは、容易に民衆に受容される。⑤言論の自由の原則を公に堅持することには、あまり大きな勇気を必要としない。このことにより、従来、慎重で用心深かった人々を含む、より多くの人を、強権に抵抗する正義の闘争に参加させることが可能となる。その結果、強大かつ穏健な圧力が形成され、我々の社会が真の自由へ向けて邁進することが強力に推進されるのである。

3．適切な表現と論証の方法の探求

　言論の自由というテーマを確定した後、次に直面した問題は、どのように解明するのか、どのように論証するのか、という問題であった。私は痛感していた。もし、言論の自由という思想を獲得するのであれば、私についていえば、それはあまり困難なことではない。より困難な問題は、どのようにして適切な表現と論証の方法を探し出すかということである。その頃、中国の政治環境はかなり劣悪であり、多数の民衆の思想も、共産党の長年にわたる洗脳を深く受けていたため、相当偏狭なものであった。西側の思想家たちは、

すでにかなり早い時期に、言論の自由の問題について、透徹した論述を発表していたにもかかわらず、彼らは、そのほとんどが、共産党によって「ブルジョア階級」の帽子をかぶせられ、ブラックリストに書き入れられていた。私が直接に利用できる思想資源は、きわめて限られていた。言論の自由は古典的な問題であるが、当時の中国の状況下において、言論の自由の問題を解明するには、それに新しい形式を付与しなければならないということを私は強く意識した。

　当時の中国の読者に言論の自由の原則を理解し受容してもらうために、私は、論文の中で数多くのマルクスの言葉と毛沢東の言葉を引用した。その道理はきわめて簡単である。私が直面している専制は、マルクス主義と毛沢東思想を旗印にした専制である。私が論争しようとしている相手は、マルクス主義と毛沢東思想を、言論を罪に問うこと［因言治罪］の根拠とみなしている中国共産党当局である。私が説得しなければならない対象は、それらマルクス主義と毛沢東思想を真理として信奉している中国民衆である。それゆえ、私は、最初から、マルクス主義と毛沢東思想を批判し否定することはできなかった。私は、できる限り、マルクスと毛沢東が論じた言論の自由を支持する言葉を探さなければならなかった。これは、1つには、私自身を保護するため、すなわち、私が当局から「反革命」の罪名をかぶせられないようにするためである。2つには、マルクス主義と毛沢東思想を信じている民衆に容易に受け入れられ、最初から、彼らの中に反感や反発の気持ちを生じさせないようにするためである。そうでなければ、私は、彼らを説得するという目的に到達することができない。

　しかしながら、他方で、私は、マルクスや毛沢東の言葉を引用するだけではきわめて不十分であるということもはっきりと意識していた。なぜなら、権威は決して論拠ではないからである。いわんや、言論の自由の問題において、マルクス、とりわけ毛沢東は、あまりよい権威ではなかった。私は、理性に、我々の共通の経験に訴えかける必要があった。我々の共通の経験とは、「文化大革命」の経験である。

　以前の共産党が発動したいくつかの政治運動と比べて、「文化大革命」は2つの大きな特徴を有していた。第1は、「文化大革命」の中で、思想や観点により批判に遭った人がきわめて多かったということである。その中には、共産党のもともとの政敵もいれば、多数の共産党の各級の幹部もいた。知識人

や学生もいれば、普通の労働者や農民もいた。造反派もいれば、保守派もいた。このことは、次第に、より多くの人に、言論を罪に問う［因言治罪］というやり方について恐怖を感じさせることとなった。第2に、「文化大革命」の中で、何度も大きな反復が繰り返されたということである。今日は私があなたを批判闘争にかけたのに、明日はあなたが私を批判闘争にかける。同じ観点であっても、今日は「正確な路線」といわれたのに、明日は「誤った路線」といわれる。1971年9月13日、中国内外を震撼させた「林彪事件」〈訳注2〉が発生した。人々は、毛沢東主席が自らの手で育成し後継者に指名した人が、毛沢東本人を殺害しようと陰謀をめぐらせていたことを知ったのである。このことは、少なくとも、毛沢東もまた、どんな小さなことも見逃さない眼力をもっているわけでも、知らないものは何もないというわけでもないということを証明した。毛沢東も誤りを犯すのである。そうして、一般大衆は、イデオロギーに対する熱狂と毛沢東に対する盲信から抜け出し始めた。彼らは、もはや、誰が絶対的真理の化身かについて信じることもなく、懐疑主義思潮が蔓延し始めた。この2つの共通の経験は、人々が言論の自由の原則を受容するに際して、揺るぎない基礎を提供したのである。

　説明を要するのは、私は、抽象的な自然法理論や人権理論から出発して、言論の自由について詳述したわけではないということである。というのも、中国は、もともと、自然法の文化的伝統に乏しく、毛沢東時代のイデオロギーの独占は、我々が西側からこの精神資源を直接に得ることを不可能にしたからである。それに加えて、当時の政府・共産党側［官方］の理論に基づき、自然法理論や人権理論は、すべて「ブルジョア階級」のレッテルを貼られて、批判・否定されていたのである。もし、私が、自然法理論という「ブルジョア階級理論」を直接に引用すれば、かえって、多くの民衆がこれを理解・受容することはより困難であったにちがいない。私は、我々自らの経験から出発して、言論の自由の道理について詳述するしかなかったのである。後に、私は、アメリカに渡り、そこで、ハーバード大学教授シュクラー（Judith N.Shklar）が書いた「恐怖のリベラリズム」"The Liberalism of Fear" という論文を目に

〈訳注2〉「林彪事件」：林彪中国共産党副主席・国防部長らのグループが、1971年9月に毛沢東暗殺に失敗し、ソ連逃亡を図り、モンゴルで墜死したとされる事件。この事件には今なお多くの謎が残されているが、胡平氏が指摘するように、この事件は、一般大衆が「文化大革命」と毛沢東に対して疑問を抱く一つの大きなきっかけとなった。

した。私は、私の言論の自由の問題における思考方法が、シュクラーの観点とはからずも一致していることを発見した。シュクラーがいう自由主義とは、「恐怖の自由主義」である。このような自由主義は、自然権に基づくロック（John Locke）の自由主義とは異なるし、自己発展に基づくミル（John Stuart Mill）の自由主義とも異なる。シュクラーの自由主義は、まず政治的迫害に対する恐怖からスタートし、そこから個人の権利に対する保護と政府の権力に対する制限という確固とした立場を導き出すのである。このような自由主義は、形而上学の概念（例えば、天賦人権の概念）に依拠せず、広範な道徳理論（例えば、功利主義の道徳理論）にも依拠しない。このような自由主義は寛容を主張し、それを支持する認識論の基礎は懐疑論である。

　1975年7月、私は「言論の自由を論ず」の第1稿を完成させた。しかしながら、困ったことに、それを広く伝播させる方途を探し出せずにいた。その頃、私は、5年（1969年～1973年）におよぶ農村生産隊での「下放」青年の生活を終え、成都の家に戻っていた。成都は西南の内陸部に位置し、その政治的雰囲気は、北京や広州の熱気にははるかに及ばなかった。1976年1月8日、周恩来が死去し、北京やその他一部の大都市（成都を含む）では、大規模で自発的な大衆による追悼活動が発生した。多くの人は、追悼の機会に乗じて、「文化大革命」、ひいては毛沢東本人に対する強烈な不満を公に表現した。私も成都の追悼活動に参加した。4月4日・5日になって、私は、北京の天安門広場において、さらに大規模な追悼・抗議活動が勃発したことを知った。私は非常に興奮し、北京行きの準備を始め、機に乗じて、私の言論の自由に関する主張を広く伝えようと考えた。ところが、この「四五運動」は、直ちに鎮圧された。それでも、この運動は、私を大いに鼓舞した。私は、毛沢東がほどなく死去するのに伴い、偉大な歴史的転換が訪れるであろうと信じていた。

4．「民主の壁」の時期が絶好のチャンスであった
　中国でも、毛沢東が死去した後、必ずやスターリン死去の後にソビエト連邦（ソ連）や東欧で発生したような変化に類似した変化が生じるであろう。私はそのような見通しをもっていた。
　ソ連や東欧では、スターリンが死去した後、新しい指導者は、直ちに非スターリン化を推し進め、スターリンの時代の様々な極端な措置を是正し、ス

ターリンの時代に積み重なった大量の冤罪・でっち上げ・誤審［冤、假、錯案］の見直しを行い、言論の許容範囲を拡大した。この時期、ソ連や東欧の共産党内および民間では、一時的な自由化思潮が出現した。しかしながら、この時期は長くは持続せず、新しい指導集団は、調整を経た後、再び社会に対する統制を強化した。真っ先に強化したのは、思想と言論に対する統制である。それによって、それら国家の政治改革は停滞に陥ってしまった。私が、その頃思考していたのは、ひとたび、中国でも類似の変化が発生すれば、我々は何ができるであろうか、我々はよりよいことをなしうるであろうか、ということであった。私は、我々は、思想と言論が比較的開放されている時期をより有効に利用し、力を集中して言論の自由の原則を宣揚し、言論の自由の原則を社会の普遍的な共通認識とするよう努力しなければならない、と考えた。こうすることで、民主の力量に自主的な生存空間を提供し、統治者が再び思想を統制することを防止することができる。そして、自由化・民主化の順調な発展に向けて道を切り開くことができる。

　1976年9月、毛沢東が死去し、翌10月、「四人組」〈訳注3〉が逮捕された。続けざまに、新しく中国共産党の最高指導者に就任した華国鋒は「四人組」批判を呼びかけた。この年の12月、私は、成都市共産党委員会の向かいの壁に言論の自由を提唱する壁新聞［大字報］を貼りつけた（これが「言論の自由を論ず」の第2稿に相当する）。この壁新聞［大字報］は私にいかなる危害をもたらすこともなかったが、残念なことに、いかなる反響を呼び起こすこともなかった。1977年、私は、さらに「言論の自由を論ず」の第3稿を書き上げ、自らそれをガリ版で印刷し、数十部の小冊子を作った。私は、それを北京にもっていき散布したい（もしくは、友人に託して北京で散布してもらいたい）と考えていたが、実現することができなかった。

　1978年秋、私は、北京大学哲学系修士課程に合格し、「文化大革命」以来12年にわたる動揺と艱苦に終止符を打った。10月に、私は北京大学に進学した。ちょうどこの年の終わりに、北京の西単に「民主の壁」が出現した。私は、北京大学の友人の紹介を通じて、『沃土』という名の民間刊行物に参加した。その後、私は、このタイミングを逃さずに、「言論の自由を論ず」の第4稿を

　　〈訳注3〉「四人組」：「文化大革命」を主導・推進した江青、張春橋、王洪文、姚文元の蔑称。毛沢東の権威を利用して、中国共産党内で台頭し要職に上り詰めた。極左的な政策を実施し、反対派を徹底的に弾圧したが、毛沢東死去の直後の1976年10月に、華国鋒らによって逮捕された。

完成させた。第4稿は、以前の3稿と比べて、その文章は格段に長く、4万字強に及んだ（以前の3稿はすべて数千字程度にすぎない）。1979年3月末から4月初旬にかけて、この文章は、『沃土』特別号として、「民主の壁」に発表された〈訳注4〉。

　私は、この「言論の自由を論ず」という論文がもたらすであろう影響について、非常に大きな期待を抱いていた。私は考えていた。中国は、まさに千載一遇の歴史的なチャンスを迎えている。この時に、我々が、全面的に、正確に、詳細に、言論の自由について明らかにすれば、一般大衆は、最も容易にそれを理解し受容するにちがいない。それは、一部の権力者（当局者）の中でも、共感を呼び起こすかもしれない。たとえ、自由・民主を好ましいとは思わない権力者（当局者）であっても、当時のあのような形勢下では、表だって反対しにくいはずだ。私は、私のこの論文が自由・民主を希求する人すべてに意識されることを望んでいた。今はまさに言論の自由を鼓吹・宣揚する絶好のチャンスである。もし、我々が言論の自由の解明を第一位におけば、我々は、言論の自由の問題を世論のホット・イシューとすることができるかもしれない。ひとたび、言論の自由の原則が人心に深く浸透すれば、形勢全体がまったく違うものになるはずだ。歴史上のある一時期において、思想は巨大な力を発揮しうる。それは、あたかも、分水嶺における一つの石のようなもので、川が太平洋に注ぎ込むか大西洋に注ぎ込むかを決定づけることができるのである。

　間違いなく、「言論の自由を論ず」という論文は、一定の反響を呼び起こした。多くの人がこの論文を読み、「民主の壁」の友人や共産党内の高いレベルの知識人の一部は、この論文を非常に称賛した。しかも、私が当初推測していたとおり、中国共産党の指導者は、誰もこの論文に対して反対することができなかった。その頃、中国共産党の指導者は、内部の講話の中で、すでに、「民主の壁」運動における一部のスローガンや文章に、「反党・反社会主義」の帽子をかぶせ、数人を拘束し始めていた。しかし、彼らが、私の「言論の自由を論ず」を取りあげて問題にすることはなかったのである。ただし、私を

〈訳注4〉「民主の壁」：この1978年から1979年まで続いた「民主の壁」運動は、チェコスロバキアの自由化運動「プラハの春」(1968年)になぞらえて、西側の記者によって「北京の春」と命名された。現在、胡平氏が主筆［主編］を務める中国語雑誌『北京之春』もこの「民主の壁」運動に由来している。

残念な気持ちにさせたのは、この論文が呼び起こした反響が、私の予想をはるかに下回るものであったことである。言論の自由の問題を論じる人は、依然としてきわめて少なかった。言論の自由の問題は、当時の世論の焦点にはなりえなかったのである。私は、貴重な歴史的チャンスが失われてしまったと感じた。

　私が「言論の自由を論ず」を発表したのとほぼ同時期の1979年3月末に、魏京生〈訳注5〉が、鄧小平が新たな独裁者となることを警戒せよ、という主張を主要な内容とする「民主主義かそれとも新たな独裁か［要民主還是要新的独裁］」という壁新聞［大字報］を貼り出し、センセーションを巻き起こした。共産党内の自由主義知識人は、この壁新聞［大字報］は賢明ではないと思った。彼らは、当時、主として反対しなければならないのは、華国鋒を代表とする「すべて派」〈訳注6〉であって、これには、なお鄧小平一派の力を借りる必要があり、それゆえ、現時点で批判の矛先をいきなり鄧小平へ向けるべきではない、と考えたのである。「民主の壁」の参加者も懸念した。この壁新聞［大字報］は、中国共産党当局の鎮圧を招き、その結果、「民主の壁」全体の生存を危うくするかもしれない、と。数日後、魏京生は逮捕・投獄された。この年の10月16日、裁判が開始され、魏京生は、言論の自由の原則に基づいて、自ら無罪の弁護を行った。この裁判は非公開で進められた。法廷内のある人が、魏京生の法廷での弁護の言葉をこっそりと録音し、「民主の壁」の友人に手渡した。その後、それは、文面を整えられ、ビラとして街頭で散布された。しかしながら、散布するやいなや警察に没収され、ビラを散布した人も拘束された。そのため、この弁護の言葉が社会に広く伝わることはなかった。後に、私

〈訳注5〉魏京生：民主活動家。「民主の壁」運動（「北京の春」）において、非公認雑誌『探索』を編集。「5番目の近代化——民主主義およびその他［第五個現代化——民主及其他］」という論文を発表し、中国政府・共産党が提起した「4つの近代化（工業、農業、国防、科学技術）」に加えて民主主義を要求した。これらの活動が当局を刺激し、1979年3月末に逮捕され、軍事情報提供罪・反革命宣伝煽動罪として懲役15年の刑に処された。1993年9月に仮釈放されたものの、1994年4月に再び身柄を拘束され、1995年12月に国家政権転覆罪として今度は懲役14年の判決を受けた。魏京生の拘束は中国の人権弾圧の象徴とされ、西欧諸国や国際的な人権団体（人権NGO）は彼の釈放を繰り返し要求した。1997年11月に病気療養を名目に再び仮釈放され、アメリカに渡った。現在も活発な民主化運動を行っている。

〈訳注6〉「すべて派」：華国鋒を中心とする「文化大革命」路線の是正に消極的な立場に立つグループを指す。1977年、華国鋒は「毛沢東主席の政策決定はすべて断固として擁護しなければならず、毛沢東主席の指示はすべて終始変わることなく遵守しなければならない」という「2つのすべて」という方針を提起し、毛沢東の権威を利用して鄧小平らの台頭を牽制した。

は、この弁護の言葉を読んで、友人にいった。「もし、魏京生が、鄧小平を名指しで批判する文章を書く前に、まず先に、言論の自由を強力に宣揚する文章を書き、より多くの人に言論の自由の原則を掌握させていたならば、事態はよりよいものとなっていたのではないだろうか」と。言論の自由を理解している人が多ければ多いほど、統治者が言論を罪に問うこと［因言治罪］がより困難になり、支払うべき代価もより多くなる。言論の自由を理解する人が少なければ少ないほど、統治者が言論を罪に問うこと［因言治罪］がより容易になり、支払うべき対価もより少なくなる。それゆえ、我々にとって最もよい戦略は、まず言論の自由について論じることだったのである。

　1979年の夏、私は、『沃土』に言論の自由の問題に関する別の論文を発表した。題目は、「同人刊行物についての試論［試論同仁刊物］」である。私がこの論文を書いた目的は、民間刊行物の合法化を促進・実現することにあった。我々は、専制政府による言論の統制には２つの方法があることを知っている。一つは、事前の予防であり、もう一つは、事後の追及・処罰である。伝統的な専制政府は、あらゆる出版機構およびメディアを独占していなかったため、民間も、自ら独立して書籍を出版し新聞を発行することができた。民間が独立して発表する意見または情報に対して、政府がこれを取り締まり鎮圧しようと思えば、常にそれ相応の罪名をかぶせ、または理由を付け加えることを必要とした。このように、政府を不快にさせる意見または情報であっても、これを取り締まり鎮圧するための罪名または理由がみつからなければ、政府はこれを事実上容認せざるをえなかったのである。共産党専制の特徴は、政府が、あらゆる出版機構およびメディアを独占している点にある。政府は、有害と考えた言論に対して事後的な処罰を加えることができるだけでなく、さらに、政府にとって好ましくない一切の言論に対して事前の予防をなし、これら言論に出版・伝播の機会を根本的に与えないこともできる。もし、伝統的な専制政府の言論に対する統制を嬰児殺や堕胎に喩えるのであれば、共産党専制の言論に対する統制は、あたかも、嬰児殺や堕胎の他にさらに避妊を加えるようなものである。

　「民主の壁」と民間刊行物の意義は、それらが政府による言論に対する事前予防を突破したことである。我々は、我々の文章を自ら印刷・出版し、事前に共産党の官吏の審査を通過させることを不要とした。例えば、私の「言論の自由を論ず」は、当時の政府・共産党系［官方］の刊行物の上では発表され

なかったであろう。しかし、それは、民間刊行物の上で発表されたのである。当局は、取締りの口実を探し出すことができず、自由に伝播させるしかなかった。まさに、民間刊行物がこのような重要な意義を具えているがゆえに、我々「民主の壁」参加者は、それを維持することを強く望んだのである。当時、中国共産党内の若干の比較的開明な官吏もまた、民間刊行物を合法化することを希望していた。実際に、私の「同人刊行物についての試論」という論文は、ある中国共産主義青年団（共青団）中央の官吏が私に書くように提案したのである。彼は、我々民間刊行物と接触するよう指示を受けており、私の「言論の自由を論ず」を非常に高く評価していた。

　数年後、私は、その当時、中国共産党内部において、新しい出版法の制定を推進し、民間が独立して書籍・雑誌を出版することに一定の法律上の根拠を提供しようとしていた人が確かに存在していたということを知った。鄧小平、陳雲らは、当初そうした動きを相手にせず、1981年になって明確に拒絶の意思を表示した。その理由は、「過去において、共産党は、国民党の出版法を利用して国民党と合法的に闘争を展開した。現在、我々は、他人がこのようなものを利用して我々と合法的に闘争を展開することを決して許容しない」というものであった。

　「民主の壁」運動は1年あまり続いた。1980年の初頭、中国共産党は、1本の内部文件を発布し、民間刊行物の業務停止を要求した。圧力に迫られて、我々は運動を放棄せざるをえなかった。このことは、私にさらに痛感させた。我々は、何と貴重な機会を喪失してしまったのか、と。

5．「競選」の成功と言論の自由の理念の伝播

　1980年の後半、中国各地では、陸続と県・区レベルの人民代表の直接選挙が実施されていた。1949年に中国共産党が政権を打ち立てて以降、各級の選挙は、すべて政府・共産党［官方］が一手に請け負い、政府・共産党［官方］が候補者を指名し、政府・共産党［官方］が候補者についての情報を紹介していた。明らかに、このような選挙は根本的に選挙とはいえないものである。1979年7月に全国人民代表大会は、新しい選挙法を採択した。新しい選挙法に基づけば、選挙民は候補者を推薦することができ、また、自らが自らを推薦することもできる。選挙の過程の中で、候補者は自らを宣伝することができる。このことは、真の選挙を可能とするものであった。一部の地域、主とし

て大学の選挙区において、「独立候補者」が現れ、選挙［競選］〈訳注7〉活動を展開し始めていた。私と数人の「民主の壁」運動の友人たちは再び結集した。我々は、これは新たなチャンスだ、と考えた。我々は、選挙活動に積極的に参加することを通じて、我々の理念を宣揚することができる。私は、私の「言論の自由を論ず」をもう一度世に問おうと思った。

　私は、「言論の自由を論ず」にさらに大幅な補充を施し、約2万字を増補した。新しく増補した内容は、主として次の2点である。①言論の自由の問題が専制を終結させる突破口であり、民主を獲得するためには、言論の自由を第一位におかなければならないということをさらに詳細に解明した。②経済発展と政治的民主との複雑な関係を分析した。当時、一つのスローガンが流行していた。「民主がなければ現代化もない」というスローガンである。私は、必ずしもそうとは限らない、と考えた。民主がなくても現代化を実現することは可能である。また、経済発展が必ずしも必然的に政治的民主を促進するとは限らない。ある時には、かえって専制を強化することもある。私が当時憂慮していたのは、中国共産党が、中国を、経済改革のみを推し進め政治改革を実行しない道へと導き、さらに、経済発展を利用して民主化運動の力を弱めようとしているということであった。

　北京市海淀区人民代表大会の北京大学学生選挙区の選挙は、1980年11月にスタートした。当初、私は自ら選挙［競選］に立候補するつもりはなかった。私は、技術物理系の本科生であり「民主の壁」の参加者でもある王軍涛の選挙に助力しようと考えていただけであった。彼は、私の「言論の自由を論ず」を自身の「競選」文書の一つにすることを強く希望していた。しかしながら、後になって、私は、私こそが自らの主張をより明確により強力に詳述することができると感じるに至った。それに、学生選挙区には2つの議席があり、我々2人はともに代表に選出される可能性が十分にあった。そこで、私は自ら選挙［競選］に立候補することを決意した。北京大学は、中国で最もすばらしい大学である。1919年の「五四運動」では、真っ先に北京大学の学生が立ち上がり、運動の中心となったのである。もし、私が北京大学の選挙において勝利し、私の言論の自由の主張が北京大学の学生の賛同を得られるのであ

〈訳注7〉「競選」：「競選」とは、狭義においては「選挙活動」を指す。胡平氏は、当時の中国の選挙を、「官製」選挙として「根本的に選挙とはいえない」と批判しており、「真の選挙」という意味においても、「競選」という語を使用している。

れば、その意義は画期的なものであり、その影響は深遠なものとなるにちがいない。

　私は、私の「競選宣言」を貼り出した。「競選宣言」の中で、私は次のように強調した。権力が高度に集中した中国において、県・区レベルの人民代表大会選挙の意義はきわめて小さい。「しかしながら、我々が望みさえすれば、我々は、この選挙に、より豊富な内容、より鮮明な色彩、およびより深遠な意義を付与することができる。それは、初めての真の民主の訓練、初めての正式な民意のテスト、青年たちの公開論壇、偉大な進軍の栄光ある第一歩となりうるのである」。これは、「初めて、自らの力量を用いて、歴史の前進を推し進めるすばらしい機会なのである」。「我々は、まず、事物の根本をしっかりとつかむところから始めよう。一つは、自由な競争選挙［競選］という形式であり、もう一つは、言論・出版の自由である。この２つの『目』があって、民主という『囲碁』は活きたものとなるのである」。

　いくつかの系（学部）から来た数十の同級生が、熱心に私の選挙を助けてくれた。彼らは、私の６万字あまりに及ぶ「言論の自由を論ず」の長文を壁新聞［大字報］に書き写し、それを壁に貼り、さらに、200部の小冊子をガリ版で印刷し、全校各クラスに２部ずつ配布してくれた。私の選挙［競選］演説・答弁会では、800しか座席のない北京大学事務棟の講堂に1600あまりの人が詰めかけた。議長台さえ人で埋まり、私にはわずか１平方メートルに満たない空間しか残されていなかった。私の選挙［競選］活動は、大きな成功を収めた。最終的に、私は、最高得票をもって、北京市海淀区北京大学学生選挙区の人民代表に当選したのである〈原注〉。

　「言論の自由を論ず」という論文は、「民主の壁」の時期においては、人々の十分な注意・関心を集めることができず、私をきわめて残念な気持ちにさせた。今回、選挙［競選］活動の助けを借りて、この論文が熱烈な支持を得て伝播していったことは、自然と私を安堵させ満足させた。ただし、私は、楽観し

〈原注〉王軍涛は当選しなかった。彼の得票数は第２位であったものの、当時の選挙法は、当該選挙区の全選挙民の票数の過半数を獲得して初めて当選すると規定していた。実際の投票総数の過半数でも、相対多数でもなかった。北京大学学生選挙区は、２人の人民代表を選出することになっていたが（２名連記投票制）、その結果、私の得票だけが当該選挙区の全選挙民の票数の過半数を超えたため、私一人だけが当選したのである。得票数第２位の王軍涛の得票は、全選挙民の票数の過半数にわずか78票足りなかった。その後、補欠選挙が実施されたが、王軍涛の得票はやはり過半数に到達しなかった。そのため、２人目の人民代表の議席は空席となった。多くの地方で、これと類似した状況が出現していた。

ていたわけではなかった。なぜなら、現在の形勢は、もはや「民主の壁」の時期とはまったく異なるものとなっていたからである。

　北京大学の選挙は、中国共産党上層部に大きな衝撃を与えた。この頃、中国共産党上層部は、思想・言論に対する統制の再強化をすでに決意していた。彼らは、私のような人、および「言論の自由を論ず」のような主張が北京大学の学生の熱烈な支持を勝ちとったことに対して、強い不満を抱いていた。しかしながら、私が前もって推測していたように、彼らは、公然と私を攻撃・抑圧することはできなかった。きくところによれば、当時の中国共産党のイデオロギー主管で政治局委員だった胡喬木は、私の「言論の自由を論ず」を真剣に読んだ後、「この論文には『一分の隙もない [無懈可撃]』」と認めざるをえなかったという。そこで、彼らは、私に対して、「冷たい処理」という対応をとり、私が卒業した後、2年の長きにわたり、私に仕事を分配しなかった。1981年の夏、私は、順調に修士論文の答弁に合格したにもかかわらず、1983年の夏に、北京出版社で編集の仕事に配属されるまで、私は正式の仕事を得ることができなかった。その1年半後、私の境遇はやや好転した。私は、北京市社会科学院哲学研究所に異動することになった。

6. 政治改革討論から1989年民主化運動へ

　1986年、中国では、政治改革がホット・イシューになっていた。武漢の『青年論壇』という雑誌が、私の「言論の自由を論ず」を2期に分けて全文掲載した。『青年論壇』誌の編集者は若い学者であり、彼らは、数年前の北京大学の選挙 [競選] 活動を知っており、私の論文も読んだことがあった。続けざまに、彼らは、北京において老・壮・青合わせて40数名の学者が参加した「言論の自由を論ず」に関する座談会を組織した。会の参加者は、この論文に非常に高い評価を与えた。この1年、私は、何度も大小の政治改革討論会に出席し、北京、武漢、成都等20カ所近い大学で言論の自由に関する講演を行った。

　1986年の後半、中国の政治的雰囲気には明らかにゆとりがあった。3つの出版社が「言論の自由を論ず」の単行本の出版を決定し、別の2つの原稿も出版社が引き受けてくれた。私は、この緩和の状況はそう長くは続かないだろうと予感していた。それゆえ、何度も出版社に手紙を送り、速やかに私の原稿を出版するよう催促した。残念なことに、出版社の形勢に対する予測は、あまりに楽観的であり、出版の速度を速めることもなかった。1987年1月に

なって、中国共産党は、「ブルジョア自由化反対」キャンペーンを始動させ、形勢はまたたく間に暗転した。私の3つの原稿はすべて出版を禁じられた。「言論の自由を論ず」の出版に最も熱心だった湖南人民出版社では、総編集長の朱正氏が職務を解かれ、武漢の『青年論壇』誌もまた停刊を命じられた。意外にも、私自身には何も不都合は生じなかった。ただ、今後1、2年のうちに、中国の政治情勢はおそらく好転することはないだろう、と私は感じていた。

この頃、私は、アメリカのハーバード大学の入学通知を受けとった。これは、北京大学の友人の一人が私の代わりに連絡を取っていてくれたものであった。私は、アメリカにいくかどうか躊躇したが、最後には、やはりいくことにした。1987年1月、私はボストンに到着した。勉学にいそしむと同時に、いくつかの活動にも参加し、文章も何本か発表した。1988年1月、私は、海外の民主化運動組織「中国民主団結聯盟」に参加し、その主席に選出された。私は、ハーバードでの学業を停止し、ニューヨークに転居した。

1989年の春、中国では、空前の規模の民主化運動が爆発した。言論の自由と報道の自由がこの運動の主要なスローガンの一つであった。もし、「六四」の大虐殺がなければ、中国は少なくとも言論の自由を勝ちとっていたことであろうということは容易に想像できる。惜しいことに、この空前の規模で爆発的な勢いの1989年民主化運動は失敗に終わった。この後、ソ連および東欧の国々は、すべて一党独裁を終結させ、民主に向かって足を踏み出した。中国は、きわめて特殊な歴史的な段階へと突入したのである。

7．「六四」後の中国において、言論はどれほど自由になったのか

「六四」後20年が経過して、言論の自由の問題において、中国の状況はどうなったであろうか。表面上からみれば、中国共産党による言論に対する統制は、以前に比べてやや緩やかになった。このような状況を作り出したのには、以下のようないくつかの原因があると私は考えている。

まず最初に、1989年民主化運動の衝撃である。1989年民主化運動の際には、何十万・何百万もの民衆が街頭に繰り出し、大声で自由・民主のスローガンを叫んだ。「六四事件」はあまねく民衆の憤慨を巻き起こし、全国上も下も、どれほど多くの人が共産党を激しく罵倒したことか。中国共産党はいかなる手段を用いたとしても、人心を旧来の瓶の中に再び詰め込むことはできなくなってしまった。それゆえ、中国共産党は、多くの厳しい批判に対し

て、見て見ぬふりをするという態度をとらざるをえないのである。インターネットの発明と普及は、中国共産党当局のメディアに対する独占状況を打破した。人々は、インターネット上において、文章や情報を発表するにあたり、事前に政府の審査を通過させる必要はない。中国共産党当局は、世界の中で最も強大なインターネット監視・制御プロジェクトを構築したが、インターネットが発する異なる声を完全には除去することができていない。

次に、国際的な共産主義陣営の瓦解、および共産主義イデオロギーの破綻である。また、中国共産党が自ら推進する経済改革は、資本主義を導入し、私有制を回復させており、それは、自らのもともとの社会主義・共産主義の理論を自己否定するものである。このことが、様々な他の思想に、公に表現する機会を提供している。現在、中国共産党当局は、言論を統制するに際して、主として、当該言論がマルクス主義・毛沢東思想、あるいは鄧小平・江沢民・胡錦涛の何とか理論に合致するかどうかをその判断材料としていない。当該言論が、現政権に対する直接的な挑戦であるかどうかをその判断材料としているのである。このことにより、その他の思想や言論に比較的大きな空間が確保されているのである。

さらに、「六四」の大虐殺を境にして、中国共産党政権がこれまでずっと標榜してきた「人民の政府」という神話は完全に崩壊し、中国共産党政権は赤裸々な暴力統治にその姿を変容させた。暴力統治は、多数の民衆が政治的に消極・冷淡になり、犬儒主義（シニシズム）が流行することを意味している。今日の中国において、思想・言論のアピール力は、1980年代のそれにはるかに及ばない。このことが、中国共産党当局の批判に抗する免疫力を増強させているのである。暴力の支持に依拠する当局は、他人の批判を意に介することはない。なぜなら、それは、もともと他人に服従を強制するものであり、他人の同意を必要としないからである。すなわち、当局の面の皮がより厚くなったのであり、それゆえ、当局の異議に対する容認度もかえって増大したのである。

しかしながら、これと同時に、当局は、当局が容認できない言論に対しては、以前よりもより直截的な抑圧措置を講じるようになった。それは、より野蛮で道理も何もなく、手段を選ばないものである。過去において、当局が言論を取り締まるにあたっては、もっともらしく道理を説明することを必要としていた。ある時には、取締りの対象となった言論を公表し、大衆にいっ

しょに批判させなければならなかった。現在はそうではなくなった。当局がある言論を取り締まるにあたって、もはや理由をはっきりと説明する必要はない。取り締まるといえば取り締まり、発禁するといえば発禁し、逮捕するといえば逮捕する。しばしば、最低限の法律の手続さえ顧みられない。さらには、黒社会的な強制連行や殴打といったやり方をとることさえある。このように、中国共産党当局による言論に対する統制は、一見したところ、過去に比べて緩やかであるが、実際には、依然として峻厳なのである。

8．「08憲章」の問題は言論の自由の問題なのである

　2008年12月8日、中国の303名の各界人士は、「08憲章」と称した公開宣言文を発表した〈訳注8〉。303名の署名者の中には、作家、学者、弁護士、記者、労働者、農民、企業家および共産党退職官吏等が含まれている。「08憲章」は、自由、人権、平等、共和、民主、憲政という基本理念を重ねて言明し、また、憲法の改正、民主憲政制度の確立からあらゆる政治犯・良心の囚人および信仰により罪に問われた人々の釈放に至るまで、合わせて19項目の基本的主張を提起している。「08憲章」は広く署名を集め、国際社会から大きな注目を浴びた。

　中国共産党当局は、一方において、メディア（インターネットを含む）が「08憲章」に関連する情報や記事を発表することを禁止し、他方において、署名者の異なる状況に応じて、彼らに選択的に打撃・抑圧を加えた。すなわち、署名者の中でも中国共産党退職官吏に対して当局がとったやり方は、官吏を派遣して「08憲章」への参加をやめるようひそかに忠告するというものであった。一般の署名者に対して当局がとったやり方は、警察を派遣して彼らを威嚇し、あるいは、彼らに何らかの行政処分を科すというものであった。当局が指導者とみなした人に対しては、当局は、警察を派遣して厳しく尋問し、資料を押収し、さらには身柄を拘束した。著名な作家である劉暁波〈訳注9〉は、2008年12月7日の晩に逮捕連行され、現在も釈放されていない。このようなやり方すべては、暗闇の中で実行されたのである。今現在に至るまで、

　　〈訳注8〉「08憲章」：「零八憲章」とも表記される。「08憲章」の全文および署名者については、「08
　　　憲章」専用サイト（http://www.2008xianzhang.info/）でこれをみることができる。「08憲章」の
　　　起草者たちは、当初、「世界人権宣言」60周年にあわせて、2008年12月10日にそれを発表する予
　　　定であった。しかし、12月7日に署名者の一人である劉暁波が逮捕されたため、12月8日に繰り
　　　上げて発表した。

中国共産党当局は、「08憲章」に対して何らの態度表明もしていないだけでなく、署名者を一人として正式に起訴してもいない。このことは、当局が、思想上および法理上、社会を納得させられるだけの根拠を探し出せていないことをはっきり自覚しているということ、および当局に残された唯一の手段が暴力であるということを示している。「08憲章」の問題は言論の自由の問題なのである。ここから我々は、言論の自由の問題こそが共産党専制の最も中心的な問題であるということを再確認することができよう。

9．中国の経済改革の致命的な弱点

　多くの人の従前の期待に反して、中国の経済改革と経済発展は、中国を自由・民主の道に導くことはなかった。今日、中国共産党当局は、まさに経済発展を根拠として、彼らが一党独裁を堅持し自由・民主を拒絶することは必要かつ正しいということを証明しようとしている。一般の人は、中国の経済が迅速に発展したことみているだけである。彼らは、いわゆる「中国モデル」の内在的な危機をみていないか、またはそれを過小に評価している。私が強調したいのは、中国の経済改革と経済発展にはある致命的な弱点があるということである。すなわち、それが、総体として、合法性を欠如させているという点である。中国の経済改革は、政治的民主が存在しないという条件の下で推進されているものである。そのため、権力掌握者は、改革の機会を利用して、本来人民全体に属するべき財産を自らの私的財産へと変換している。かつて、共産党は、革命の名目をもって、一般庶民の私有財産をいわゆる全人民の公有財産へと変換した。現在、共産党は、改革の名目をもって、全人民の公有財産を彼ら自身の私的財産へと変換している。かつては、革命の名目による強奪で、今は、改革の名目による盗品の分配である。この相反する２つの悪事は、いずれも同じ共産党の手により50年あまりの時間の中でなされたのである。このように作り出された財産分配の構造は、根本的に合法性を具えるものではない。広範な人民は承認しないし、受け入れないであろう。

　中国の経済改革と経済発展は、最大の不公正の上に成り立っている。この

〈訳注９〉劉暁波：文芸評論家。1980年代後半から中国文壇において注目され始める。1988年に出国するが、1989年４月に帰国し民主化運動に参加した。「天安門事件」直後に逮捕・投獄されたが、1991年に釈放された。その後も文筆活動および民主化運動を継続しているため、当局からにらまれ、繰り返し身柄を拘束されている。当局は劉暁波を「08憲章」の仕掛け人の一人とみなしているようである。

一点について、一般大衆は、きわめてはっきりと認識している。ある山西省の老農民は、鄧小平の「一部の人から先に豊かになれ」という講話に触れ、次のように述べた。「1949年以前に、我が村には、1戸の地主、2戸の富農がいた。すでに、一部の人は先に豊かになっていた。こうなると（鄧小平の「先富論」の提唱を指す—訳者）早くから知っていたら、初めからそうしなければ（財産の国有化や農業の集団化を指す—訳者）よかったのではないか」。湖南省長沙市のリストラされた労働者の陳洪は、自身のブログの中で次のように記している。「計画経済は効率がきわめて低く、改革しなければならないものである。改革にあたってはその代価を支払わなければならない。しかし、計画経済は我々労働者が発明したものではなく、あなた方共産党が始めたものだ。何の根拠があって、あなた方共産党は代価を支払わずに、逆に、我々労働者が代価を支払うのか。何の根拠があって、企業の党書記や工場長が資本家に生まれ変わって、我々労働者が解雇され失業するのか」。

　注意すべきことは、今日の共産党は、これまでよりもさらに自由・民主に反対しているということである。仮に、「六四」よりも前に、中国共産党が自由・民主を受け入れていれば、彼らは政治権力に対する独占を喪失するだけで、彼らもまた、他の諸勢力と平等な競争に参加することができたであろう。現在に至っては、仮に、共産党が自由・民主を受け入れれば、彼らは、政治権力に対する独占を喪失するだけでなく、人民により経済腐敗の罪名をもって法廷へ送られるにちがいない。それゆえ、今日の中国共産党は、これまでよりもさらに自由・民主を恐れており、これまでよりもさらに自由・民主を敵視しているのである。このことは、今日の中国において、自由・民主を勝ちとることがますます困難なこととなり、人民と共産党統治集団との矛盾がますます先鋭化していることをも意味している。

　未来の中国には2つの可能性がある。①もし、深刻な危機が出現し、中国共産党の鎮圧のメカニズムが機能しなくなり、これまで抑圧されてきた様々な矛盾が噴出するようなことになれば、社会全体は大混乱に陥るであろう。もし、このような状況になって、ようやくあわただしく民主のメカニズムを導入しても、おそらく、すぐには十分な成果を得られないであろう。②もし、中国共産党が、引き続き社会を有効に統制し、さらに、時間の経過とともに、国力をより増強させれば、人権、民主および正義等の原則はますます軽視されるであろう。我々は、ますます自信に満ち、横暴で、かつ強大な専制政権に

直面することになる。このような専横・強大な専制政権は、必然的に、人類の自由と平和にとってきわめて大きな脅威となるであろう。この２つの将来的な可能性は、いずれも憂慮されるべきものであり、とりわけ、後者は懸念されるべきものである。

10. 中国の問題は世界の問題でもある

　私は、今後10年、20年、中国の問題は世界で最重要の問題であり続けると考えている。私は、より多くの日本の友人が、中国の問題に関心を寄せ、中国の言論の自由に関心を寄せ、中国の民主の進展に関心を寄せるよう希望している。なぜなら、中国は大国であり、中国の人口は世界の人口の５分の１を占めているからである。また、我々は、グローバル化の時代を生きており、小さな小さな「地球村（Global Village）」で生活しているからである。我々の命運は相互に交錯し相互に影響しあっている。中国の問題はもはや中国だけの問題ではない。中国の問題は世界の問題でもあるのである。

　　　　　　　　　　　　　　　　　　　　　胡平
　　　　　　　　　　　　　　　　　　　　　2009年４月14日、ニューヨークにて

言論の自由を論ず

序言

　本論文の目的は言論の自由を論じ検証することにある。この作業には、あるユニークな点がある。すなわち、言論の自由が完全に存在していない時、それを論じ検証することはおそらく不可能であろう。しかしながら、この自由が完全に実現された時、それを論じ検証することはおそらく不必要となろう。このような特色は、常に人々の誤解を生じさせてきた。すなわち、人々は、言論の自由の問題は権力者（当局者）の意志によって決まる問題であると考えてきた。このような誤解は、理論上、言論の自由を議論するという作業に対する軽視をもたらしてきた。その結果、言論の自由という原則の価値と活力を完全に窒息させてしまったのである。このような不幸な誤解はきわめて深刻である。我々がこのきわめて重要かつ敏感な課題を提起する際、多くの人が、それはうんざりするようなありふれた平凡な話であり、何の役にも立たない書生の空論であると思っている。事実上、ある国家がもし言論の自由の実現をなしえないのであれば、その原因は、その国の人民の言論の自由に対する覚悟の欠如にある。したがって、中国の社会主義的な民主と法制を健全なものとしこれを発展させるという作業の中で、言論の自由の意義［含義］を解明し、その価値と力量を詳論することは、この上なく重要なのである。

第1章　言論の自由の意義と価値

1．「我に支点を与えよ、されば地球をも動かさん」

　公民の言論の自由は、憲法上の公民の各種政治的権利の筆頭［第一条］である。一個人が自己の願望や意見を表明する権利を失ってしまえば、必ずや

奴隷または道具となってしまうであろう。言論の自由を有することはすべてを有することとイコールではないが、言論の自由を喪失すれば必然的に一切を失うこととなる。周知のとおり、力学においては、支点の作用が何よりも重要である。支点そのものは働きをなすものではないが、支点の上においてのみ、てこの作用は可能となるのである。聞くところによれば、てこの原理の発明者であるアルキメデス（Archimedes）は、「我に支点を与えよ、されば地球をも動かさん」と述べたそうである。政治生活の中で、言論の自由はまさにこのような一つの支点といえなくはないだろうか。

2．言論の自由の意義

　言論の自由とは何か。それはすなわち各種意見を発表する自由のことである。良い話、悪い話、正確な話、誤った話のすべてが包括される。もし、言論の自由が権力者（当局者）の意志の許可する範囲内を限度とするにとどまるのであれば、古今東西、いかなる国家の言論が不「自由」なのであろうか。それでは、我々の神聖な憲法上の言論の自由の条項が、最もつまらない無駄なものとなりはしないだろうか。

3．「自由」という語に対する説明

　ある人は我々の定義に反駁するかもしれない。彼らは、自由を制限を受けないことと理解するのは浅薄で不十分であり、それを客観的必然性に対する洞察と理解しなければならない、という。それゆえ、言論の自由は、でたらめやでまかせをいうことを意味するものでは決してなく、それは事物の発展の必然性に従わなければならない。

　上述の批判の遺漏を指摘するには、一言反問するだけで十分である。確かに、人々が事物の必然性に従えば、その行動は間違いなく正確である。それならば、なぜ、憲法において「行動の自由」という1カ条が記述されていないのか。ここからわかるように、「言論の自由」概念における自由という語の含意［含義］は、その著名な哲学的命題——自由とは必然性に対する洞察である——における自由の含意［含義］と混同して論じてはならない。「言論の自由」について、我々は、ちょうど「自由」という語の最も簡単な含意［含義］、すなわち外在的制限から抜け出すことという含意［含義］においてこれを使用すべきである。

人々は、ふだん、いかなる自由にも制限がある、という。しかしながら、それは、事物そのものの内在的規定を指し、外在的強制を指すものではない。私は自由に心ゆくまで酒を飲みたいが、私の酒量そのものが自由に酒を飲むにあたっての制限となっている。それと同じである。したがって、この点は、我々の言論の自由に対する定義にいささかも影響を及ぼすものではない。

　ついでに指摘すれば、ある人は、「いいたいことをいい、したいことをする」ことを無政府主義とみなしている。これは、言論の自由と行動の自由の差異を無視して両者を同一視するものである。確かに、「したいことをする」ことは無政府状態を招く可能性がある。しかし、もし、「いいたいことをいう」ことさえもすべて禁止してしまえば、専制主義へと変貌してしまう。今後、我々が何か主義に反対するのであれば、必ずそれに対して明確な定義をしなければならない。過去の修正主義反対の際に犯した過ちを繰り返してはならない。

4．「言う者に罪なし［言者無罪］」について

　中国の古い言葉に、「言う者に罪なし［言者無罪］」がある。この言葉はどのような意味であろうか。権力者（当局者）のみが他人に対して刑を言い渡す［判罪］ことができるのであれば、権力者（当局者）たちは、当然に彼らに賛同する言論を罪に問うことはないであろう。したがって、明らかなことは、言者無罪とは、とりわけ「反対言論」無罪の提唱を肯定することなのである。これは、我々が第1章第2節の中でなした言論の自由についての定義が完全に正確であることをあらためて証明している。

5．言論と行動を混同して論じてはならない

　ある人は、いかなる国家の統治者も、人々が根本的制度においてその政権を否定することを許容しておらず、それゆえ、そのような根本的制度に対する反対意見は禁止すべきである、という。

　これもまた、言論と行動とを区別しない典型的な論調である。『資本論』は、まさに、根本的制度からブルジョア階級統治を否定しているものではなかろうか。どうして、それが、多くの資本主義国家において公に出版できるのだろうか。ここからわかるように、政治問題を討議する際、くれぐれも言論と行動を混同して論じてはならない。

6．義務の遵守について

「しかし、公民の基本的義務を遵守しなくてもよいとでもいうのか」。

そうではない。しかし、我々は、何が義務の遵守なのかをはっきりさせる必要がある。義務の履行とは行動を指し、思想・言論を指すものではないことは明らかである。義務という概念の意義は、従事しなければならない行為・行動である。「義務」という語に思想を加えるのはそもそも筋が通らない。

ある事柄を義務として規定することは、単独の個人が当該事項についていかなる態度を有しているかを問わず、彼はそれを実行しなければならないことを意味している。個人の見解と規定されている事柄とが一致しない場合、その事柄の実行が理の当然であるというのであれば、義務の履行とは、とりわけ当該個人がその事柄に同意しない場合であって、彼はそれを実行しなければならないということを指す。ここからわかるように、義務を規定することが必要なのは、まさに、全員の見解が必ずしも一致するとは限らないからなのである。逆に、衆人の意見が永遠かつ完全に一致するところにおいては、義務を規定する必要がない。簡単にいえば、義務の規定は、意見に分岐がありうることを承認するという基礎の上で、行為の一致を要求するものなのである。したがって、人々が行動において実行するという前提の下で、義務として規定する事柄そのものに対して、異なる意見さらには反対の意見が提起されることは当然に許容される。反対意見の提起を義務違反とみなすことは、根本的に「義務」という語の含意［含義］を理解していないことを示している。

7．憲法もまた批判できるものである

批判的意見を有することには、多くの注意が払われなければならないかもしれない。ある人は、言論の自由は憲法に記載され神聖なものとなっており、憲法そのものももちろん神聖なものであるから、人々は、各種意見を発表する権利を有してはいるものの、根本から憲法を批判することは許容されない、という。

このような非難は、人々を自己矛盾の境地に陥らせる。一方において、言論の自由の定義に基づけば、憲法を批判する言論をその定義の外に排除することは不可能である。他方において、憲法に基づけば、憲法に反対すること

もまた不可思議である。実際に、このような自己矛盾もまた、言論と行動との間の限界を混淆することにより生み出されるものなのである。我々がいうところの、憲法を侵犯してはならないとは、人々の行為を意味している。我々がいうところの、憲法に反対してもかまわないとは、人々の言論を意味している。法律とは、本来、人々の行為を統一する準則として設けられるものである。人々の行為に一つの共通遵守の準則が必要とされるのは、まさに、彼らの思想が常に一致するとは限らないからである。憲法の権威性・強制性は、それ自身、異議を有する者たちの行為に対する拘束力に体現される。それゆえ、それは、人々が異議をもつことの合法性を否認するものではないのである。

　民主原則は、行動において、少数が多数に服従することを要求するだけでなく、同時に、少数者が自分の考えを堅持する権利を保護することをも要求する。憲法を含む、民主原則を承認するいかなる法律も、言論の自由を排斥または制限してはならない。逆に、それらは、真の言論の自由をそれらの発生と存在の根拠・前提としなければならない。同時に、それらは、不可欠の調節弁として、発生しうる錯誤を是正し、発生しうる弊害を防止し、将来の改新と発展に向けての余地を提供するものなのである。

　しかしながら、ある人は、さらに論争を仕掛けてくるかもしれない。憲法とは、全国人民に公認されたものであり、どうしてそれを批判しそれに反対することが許されようか、と。このような非難は中身のないものである。全国人民に賛同された原則とは、いかなる人の批判・反対もないことを意味している。人民の中の一部分の人、たとえ、それが唯一人であっても、その彼が反対意見を提起すれば、それは、この原則がすべての人民の賛同を得られていないということを示している。それゆえ、ここにおける問題は、依然として、少数者の意見と多数者の意見との間に衝突が発生するという問題なのである。

　事実上、憲法がすべての公民の完全な賛同を得ることは不可能であるし、またその必要もない。いわんや、第1世代の人が一致して同意した憲法は、第2世代の人、第3世代の人についていえば、何よりもまず、それは既成事実の一つとして、彼らの思考を経ることなく、それゆえ、彼らの一致した同意を論じるまでもなく、すでに存在し、彼らに対して効力を生じているのである。彼らも、一定の義務に従ってさえいれば、当然に、新しい思考を展開し、

新しい意見を表示する権利を有しているのである。人々は、憲法に対して、反対の意見を含む、各種意見を提起することができる。これはまさに憲法自身が付与したものなのである。

8．前節の続き

　前節のような批判的意見の錯誤について、そのカギは、やはり、彼らが党の問題と国家の問題とを区別せず、党の規約と憲法の意義を区別しないことに慣れてしまっている点にある。

　一人の党員は、党のある決議を批判し、党のある指導を批判し、さらには、党のある一時期の路線を批判する権利を有している。しかし、彼は、党規約が規定する基本的綱領を批判する権利はない。なぜなら、政党への加入は自発的な選択に基づくものであり、それは党規約の基本的綱領を事前に承認することを前提としているからである。それゆえ、党規約の基本的綱領に賛成しない人は、その党の党員になるべきではない。しかしながら、憲法の公民に対する関係はそのようなものではない。個人がある社会制度下の公民となるのは、ほとんどの場合において、彼の自発的な選択の結果ではない。自発的な選択が存在しない以上、我々は、どうして、ある信念を彼らに強要することができようか。彼は、憲法が規定する行為規範に服従する義務は負担するが、憲法綱領を承諾しそれに賛同する責任は負担しない。したがって、もし、彼がただ言論を通じて憲法の綱領を批判しこれに反対しても、公民権の取消の理由を構成することはない。マルクス（Karl Heinrich Marx）は、思想を処罰する方式の法律は、決して公民のための国家の法律ではない、と早くに指摘している（「プロイセンの最新の検閲訓令にたいする見解」）。

　次に、党員が党規約の綱領を承認しなければならないのは、彼らの入党が自発的意志に基づき、退党が自由になしうるからというだけでなく、党規約が非党員に制裁を加えないからでもある。もし、我々がどうしても公民に憲法を批判することを許さないというのであれば、我々は、人々に国家への加入および国家からの退出の自由を与えなければならないだけでなく、さらに、憲法のその綱領を承認しない人々に対する懲罰的機能を取り消さなければならない。つまりのところ、言者無罪である。これは、憲法を党規約に変容させ、国家を党に変容させることに他ならない。その結果、必然的に、憲法綱領を承認する人々と憲法綱領を承認しない人々との間の関係を協調させるた

めに、我々は、行為規範にのみ関わり思想方式には関わらない新しい協約を再度制定せざるをえない。これは、実は憲法を制定し直すことに等しく、この憲法こそが本来の意義における憲法なのである。以前の思想を処罰する方式の憲法はその時もはや適用されなくなるのである。

9．言論と行動とは明確な限界を有する

　言論と行動とは明確な限界を有している。この点は繰り返し強調しなければならない。ある人は、公開の談話や文章の発表をすべて行動とみなしているが、明らかにそれは詭弁である。憲法上堂々と記載されている言論の自由の条項は、人民が長期にわたる流血の闘争により追求してきた神聖な権利であるというのに、今になって、それが、陰で不平不満をいったり、ひそかに個人的に日記をつける程度のものにすぎないとでもいうのだろうか。

10．誣告、誹謗および煽動の罪について

　言論が直接に行動と関連した時に、初めて、言論は犯罪となりうる可能性があるのである。いわゆる誣告、誹謗、煽動がそれに属する。我々は、誣告、誹謗、煽動について明確な定義づけを行い、それらに確実な基準を提供しなければならない。

　誣告罪の定義は、刑事処分を受けさせる意図で他人を陥れ、事実を捏造し、証拠を偽造し、虚偽の告発を行うというものである。注意すべきは、誣告は、司法機関およびその勤務員に虚偽の告発を行うことであり、その目的は、被告人に刑事処分を受けさせることである。それゆえ、誣告罪の基準はきわめてはっきりしている。

　誹謗罪とは、虚偽で、他人の人格を侮辱するに足る言論を散布する行為を指す。ここにおいて、混乱を引き起こす可能性があるのは、「侮辱」という語である。いわゆる人格の侮辱とは、我々社会の公認する共同生活の準則を損なうものを指し、被害者本人の主観的な意思・願望［意願］をもってそれを判定することはできない。しかし、何が、「共同生活の準則を損なうもの」であろうか。うまく処理をしないと、「悪毒攻撃罪」が誹謗の名を借りて息を吹き返すかもしれない。権力者（当局者）が「誹謗罪」を濫用することを防止するために、我々はここで一つの考慮を提起したい。一切の公民、少なくとも一切の革命同志であれば、その職位の高低を問わず、人格上平等である。そ

れゆえ、ある言辞が侮辱に属すると断言するには、誹謗罪は一切の公民に適用されなければならない。同様の言辞が、もし一般庶民に対して侮辱と認められないのであれば、指導者に対しても同様に犯罪を構成しない。二重の基準を採用すること、「上の人には礼が必要だが、下々の庶民には礼は不要である[礼不下庶人]」は、禁止されなければならない。この1点を肝に銘じれば、誹謗罪が容易に濫用されることはないであろう。

　最後に、煽動罪とは何か。煽動罪とは、人々に対してある不法行動に従事するよう促すことを指す。ここにおいて、2つの点に注意が必要である。①それは、人々に対してある行動に従事するよう促すことであり、人々に対してある事物を信じるよう促すことではない。この1カ条がなければ煽動とはいえない。②促して成就させる行動とは不法行動でなければならず、合法行動ではない。この1カ条がなければそもそも犯罪を構成しない。2つのうちいずれも欠くことができない。

　例えば、ケインズ（John Maynard Keynes）の『雇用・利子および貨幣の一般理論』は、マルクス主義の大毒草に直接反対しているが、当該著作は煽動を構成しない。また、集会・行進を呼びかけることは、明らかな煽動であるが、犯罪を構成するものではない。なぜなら、集会・行進はすべて合法的行動であるからである。

　煽動罪は、反革命の性質のものに限られない。例えば、私憤をはらすために格闘を煽動することもまた煽動罪に属する。

　注意すべきことは、法律用語としての誣告、誹謗、煽動等の罪名は、日常用語における誣告、誹謗、煽動等の語彙と、その含意[含義]が若干異なっているということである。前者はより狭く把握しなければならない。この点もまた混同してはならない。

11. いわゆる「ブルジョア階級の言論の自由」に反駁する

　我々はすでに言論の自由の確実な含意[含義]を解明してきた。現在、唯一招来しうる非難の言辞は、我々が「ブルジョア階級の言論の自由」を提唱することに対する批判である。このような批判に対しては最も容易に回答することができるかもしれない。なぜなら、批判者たちは、いったい何が「ブルジョア階級の言論の自由」で、何が「プロレタリア階級の言論の自由」であるか、はっきりと説明できないからである。

いわゆる「ブルジョア階級の言論の自由」とは、以下の２種類の状況を意味しうる。①ブルジョア階級のみに意見発表の自由を許容するということ。②ブルジョア階級の利益を根本的に侵犯しない意見を発表する自由のみを許容するということ。前者は発言者の身分を制限するものであり、後者は言論の性質を規定するものである。しかしながら、このような状況は、実際にはいずれも言論の不自由なのであり、「ブルジョア階級の言論の自由」といえるようなものではないのである。周知のとおり、今日のブルジョア階級民主制の国家において、このような２種類の状況はともに存在しない。そうである以上、これと相対立する「プロレタリア階級の言論の自由」も、どうして議論することができようか。

　現代国家観念をいささかでも有する人たちからみれば、権力者（当局者）の異なる意見の持ち主に対する鎮圧は、最も粗暴な権力の濫用である。たとえ、彼らが異なる意見の持ち主の観点に断固として反対していたとしてもである。しかしながら、封建専制主義の影響がきわめて根深い人たちからみれば、権力者（当局者）の異なる意見の持ち主に対する鎮圧は、最も自然で、権限の範囲内のあるべき振る舞いである。たとえ、彼らが、鎮圧された者の観点にひそかに深く同情していたとしても、彼らもこのような鎮圧を「合理的」であるとして肯定する傾向にある。悲しいことは、多くの同志が、そうした思考の中で、いかなる権力も制約を受けるという最低限の認識を根本的に有しておらず、何が公民の権利であるかを根本的に理解しておらず、政府権力は公民の権利を保護するためにのみ用いられ、決して公民の権利を侵犯するために用いられてはならないということを理解していないことである。とりわけ、一部の人は、いまだにこのような幼稚な見解にマルクス主義のラベルを貼り、あいまいで混乱する語句を用いて、複雑な事物に対する深い分析に代替させている。一方において、彼らは、何がブルジョア階級のものであるかをまったく理解しておらず、他方において、彼らは自らが理解できない一切のものに対して、ブルジョア階級の名称を冠している。いわゆる「ブルジョア階級の言論の自由」と「プロレタリア階級の言論の自由」のずさんさは、偏った見方に固執した典型的な表現の一種にすぎない。

12. ブルジョア階級の民主の欺瞞性について

　それでは、我々はブルジョア階級の民主の欺瞞性をどのように認識すべき

であろうか。民主とは、まさにレーニン（Vladimir Lenin）が述べたように、一種の国家形式であり、国家の実質的内容を決定するものは、その経済構造であり、その生産関係である。簡単にいえば、その生産手段の所有制である。ブルジョア階級の民主の欺瞞性は、それが形式を用いて内容を覆い隠すところにある。フランスの進歩的作家フランス（Anatole France）は、その名言の中で、すこぶる辛辣にこの点を指摘している。彼は、「我々の法律は平等である。百万長者も乞食も、橋の下で夜を過ごすことを許さない」という。形式からみれば、ブルジョア階級民主制の国家において、労働人民と資本家はともに各種政治的権利を享有している。しかし、実質からみれば、広範な労働人民は資本主義的生産様式の搾取を身に受けており、彼らの政治的権利には真に堅実な物質的保証が与えられていない。失業者が大統領選挙に立候補することは事実上不可能である。彼が名目上そのような権利を享有していたとしてもである。

　民主制の最も基本的な原則、例えば、言論の自由そのものには、「ブルジョア階級」または「プロレタリア階級」の区分はない。ブルジョア階級の民主制とプロレタリア階級の民主制は、形式において類似点を有している。そうでなければ、どうしてともに民主制を称しているのか。しかしながら、両者が依拠し存在する経済的基礎が完全に異なるために、一方はブルジョア階級の民主と呼ばれ、一方はプロレタリア階級の民主と呼ばれているのである。その他、民主のいくつかの原則、例えば、言論の自由は、もとよりブルジョア階級革命に伴い、伝播しえたものであるが、それ自身は、全人類の共同の精神的財産であり、人類文明進歩の優秀な成果である。我々は、この言論の自由という遺産をブルジョア階級に敬意を表し彼らに軽々しく提供することはできない。事実上、民主革命の際に、我々は言論の自由の獲得を闘争任務の１つとした。新中国が成立した後、我々は言論の自由を少しもためらうことなく中華人民共和国憲法に書き入れた。ここからわかるように、言論の自由そのものは正しいものなのである。忘れてはならないのは、マルクスが、政治舞台に登場した際、初期の数篇の論文のうち、２篇以上の論文で、言論の自由と出版の自由に論及していることである〈訳注１〉。確かに、当時、彼はいま

〈訳注１〉２篇以上の論文：「プロイセンの最新の検閲訓令にたいする見解」および「第６回ライン州議会の議事」を指している（『マルクス＝エンゲルス全集〔第１巻〕』〔大月書店、1959年〕所収）。

だマルクス主義者ではなかった。しかし、1842年がなければ、1848年もなかったのである〈原注〉。当時、彼は、言論の自由という観点を堅持するレベルにとどまっていた人にすぎず、マルクス主義者としては、もちろん、いまだ不十分であった。しかし、一人の個人として、もし、こうした立場にさえ到達していなければ、さらには、もし、言論の自由に反対していれば、彼はマルクス主義者にはなれなかったであろう。

　つまりのところ、マルクス主義は資本主義西欧において生まれたものなのである。東方の封建専制主義の薫陶を深く受けた中国知識分子は、マルクス主義の中の西欧文化に対する批判的・否定的部分については容易に理解・受容することができるが、西欧文化の中の継承すべき肯定的部分については理解・受容することができない。中華人民共和国成立30周年後の今日、我々は、封建専制思想に対して、さらなる掃討を進めざるをえない。この深刻な教訓は、我々に注意を喚起するにあたりなお不十分であるといえるだろうか。より全面的な角度から出発して、さらに一歩、マルクスを認識する必要があるのではなかろうか。

13. 言論の自由は封建社会における言論自由化ではない

　まさに、上述したように、言論の自由の原則は、主として、ブルジョア階級革命を通じて深化・伝播したものなのである。中国は成熟した資本主義形態を経ていないために、多くの人は、言論の自由の真の意義［含義］についてその理解を欠いている。事実上、一部の同志が理解する民主とは、一種の開明的専制にすぎず、彼らが理解する言論の自由とは、封建社会における諫言を聞き入れ広く言論の発表に道を開くというものにすぎない。ここでは、我々は次の点について指摘する必要がある。

　封建社会における諫言を聞き入れるということは、決して真の言論の自由ではない。なぜなら、臣民の言論の範囲は、実際には皇帝の意志により決定されるものであるからである。それぞれの歴史的条件の相違およびそれぞれの皇帝の個性上の差異により、この範囲はある時には広くなりある時には狭くなる。しかし、どのようにしても、このような限界は結局のところ存在す

〈原注〉1842年は、マルクスが出版の自由の問題について論文を発表した年であり、1848年は『共産党宣言』を発表した年である。

るのである。ある国家が言論の自由を有しているかどうかは、権力者（当局者）が批判的意見の傾聴・容認に好意的であるかどうかにかかっているのではなく、彼らが反対意見の持ち主を処罰する権力を有しているかどうかにかかっているのである。

　一部の皇帝は、事業を創始し発展させる上で広く人材を集めたいがゆえに、政権を掌握した後の最初の段階で真摯に政治を行いたいがゆえに、後世へ向けた展望と卓識をおもんぱかりたいがゆえに、名声・威厳が今をときめく時に寛大な気持ちを胸に抱いているがゆえに、批判的意見、さらには反対意見に寛容な姿勢や態度を示すかもしれない。しかし、このような姿勢や態度を言論の自由の実行と称すれば、実質的な誤りを犯すことになる。これは開明的な専制にすぎない。一部の皇帝が比較的賢明に権力を用いることができることは、封建皇帝権力の無限性という本質を改変させるものではない。それは、人民が剥奪されない言論の自由を享有したことを意味するものではない。このような開明的専制は、きわめて長い封建社会においては、終始まれにみる例外なのである。さらに、それらは、ほとんどすべて、極端な専制が破綻した後の結果なのであり、同時に、次の極端な専制が到来する前の準備なのである。凧が再び高く揚がることは自由とはいえない。なぜなら、凧の糸の一方の端は凧を揚げる者の手の中に握られているからである。専制下の言論も、方法が寛容であっても、それは自由ではない。なぜなら、言論を制御する権力は皇帝の手の中にあるからである。

　権力者（当局者）が異なる意見の持ち主を処罰する権力をもたない時に、初めて真の言論の自由があるといえるのである。人々の言論の権利が善良開明な君主の保護を必要とせずに独立して存在しうる時に、初めて真の言論の自由があるといえるのである。人々が権力による言論に対する干渉の企てに抵抗することを身につけた時に、初めて真の言論の自由があるといえるのである。

14. 毛沢東同志の言論の自由に関する論述

　毛沢東同志は、言論の自由の問題に対して、多くの正しい論述を残している。ここで、我々は、再度それらを引証してより多くの注意を喚起したい。

　毛沢東同志は、人に話をさせろ、と指摘する。人に話をさせても、天が崩れ落ちるわけではない。紀律に違反しなければ、秘密集団を組織しなければ、

人々が話をすることを許すべきであり、話に誤りがあっても罰してはならない。「一言堂」でやってはならず、「群言堂」でやらないければならない（権力者の一存だけで物事を決めてはならず、大衆の意見に耳を傾けなければならない）。「知っていることは何でも話し、話せば余すところなく語り尽くす［知無不言、言無不尽］」を実行しなければならない。「言う者は罪がなく、聞く者は戒めとするに足る［言者無罪、聞者足戒］」を実行しなければならない。「弁髪をつかまない（弱みにつけ込まない）、帽子をかぶせない（レッテルを貼らない）、棍棒で打たない（懲らしめない）［不抓辮子、不扣帽子、不打棍子］」の三ない主義［三不主義］を実行しなければならない。彼は、たとえ、反党・反社会主義の言論を発表した人であっても、破壊的行為がなければ、なお言論の自由を与えなければならない、と明確に指摘している。イデオロギー上の毒草を取り除くことと人を懲らしめることは、別のことである、等とも述べている。さらに、彼は、これら原則を実行することの意義についても多くの説明をなしている。しかしながら、残念なことに、長期にわたって、これらの原則は実行されることがなかった。それには、理論上の混乱があっただけでなく、心理上の原因もあった。これらは吟味するに値する。

　理論上の最大の混乱は、我々が反動派に言論の自由を与えず、かつ反動言論を発表した人がすなわち反動派であるとした点にある。以下において我々が論じるように、このようないい方は、実際において循環論法を含んでおり、それは必然的に「強権すなわち真理」をもたらす。長年にわたり、善良な中国人民は、味方同士が殺し合うという愚かなことをやり、政治・文化生活の中で空前の大災害を経験してきた。上述したような似て非なるロジックが、実際にこれらにきわめて大きな作用を果たしてきた。この謬論を批判することが、実際上言論の自由を論証する焦点の一つなのである。

　心理上の原因は、いわゆる「資本主義恐怖症［恐右症］」にある。中国の政治生活に留意する人々は、このような怪現象を容易に発見することができる。毛沢東同志の一部の講話は、たとえ、片言隻句であっても、人々に熱烈に神の言葉のように奉られ、少しでもそれに懐疑の眼差しを向ければ大逆無道とされた。しかし、彼のそれ以外の講話は、たとえ、再三にわたる命令や警告であっても、人々に見て見ぬふりをされ、少しでも討論しようとすれば自分から不運を招くこととなった。一般的にいえば、およそ「比較的左」という語は、人々にきわめて便利に自己が「確固として革命的」であることを顕示す

るために用いられる可能性のある語であり、それは前者の命運に属する。およそ「比較的合理」という語は、人々に「立場に問題あり」として反駁される可能性のある語であり、それは後者の命運に属する。「文章によって討論すべきであり、武力で闘争してはならない［要文闘、不要武闘］」という「最高指示」は、全面的な内乱を阻止することができず、「言者無罪」の精神は、「思想犯」、「言論犯」の膨大な数を減少させることはなかった。言論の自由の問題において、今に至るまで、依然として、あれやこれやといって、一致した結論に達することができない。一部の人は、なお本心に逆らって言論の不自由に賛成する主張を発表している。このような状況は、しばしば人々にアンデルセンの童話『裸の王様』を想起させずにいられない。その童話の中では、人々は、他人に「愚かな人」といわれるのを恐れ、自らの目を信じようとしなかった。ここにおいては、人々は、他人に「立場不穏」といわれるのを恐れ、自らの理智を信じようとしていない。歴史は少しも例外なく証明している。きわめて強大な外敵の進入を除いては、民族のいかなる災難もすべて自業自得的な要素をその中に含んでいる。故意に自らの理性に違背するような声は、悲劇の始まりを構成する。我々は今後同じ失敗を繰り返してはならない。

15. 全面的に言論の自由を解明すべきである

　権威的な言論を引用する目的は2つある。1つめは、ある論点がある権威から来ることを証明し、あるいは、それがある権威により首肯されていることを証明するためである。2つめは、権威的地位を利用して、相手方に当該論点に対する重視を喚起するためである。しかしながら、権威的な言論を引用することは、必ずしも道理に代替しうるわけではない。我々は、単に権威ある名前により、相手方を心から説き伏せることを期待できないし、またそれを期待してはならない。簡単にいえば、権威は論拠ではない。それゆえ、言論の自由の問題について、我々は、さらに論証を進めなければならない。これは決して風車に戦いを挑むような無駄な挙動ではない。実際には、それは、きわめて現実的かつ切迫した理論的任務なのである。我々は次のことをよく知っている。知識があり重責を担う人々を含む、多くの人は、内心の深いところでは、言論の自由についてそれを正しいと思っておらず、それに同意していない。言論の自由を好む人々の間では、この原則を評価する理論的根拠および実践的基礎が、十分に理解されているとはいえない。最後に、言論の

自由の熱烈な賛同者の間では、この原則が勝利する道程、すなわちその力量の淵源が、必ずしも明確となっているわけではない。このため、我々は、他人の一切の考慮を十分に重視し、できるだけ詳しく余すところなく論証しなければならない。一切の存在しうる混乱を除去し、一切の存在しうる論敵を論破する。そのために、文章が少々長くなってしまうであろうが、この問題の厳粛な意義に鑑みて、読者には辛抱強く読み進めていただきたい。我々と我々の子孫の世代が再び言論を罪に問うこと［因言治罪］の恐怖におびえることのないようにするために。中国人民の精神を押さえつける罪悪の山を徹底的に取り除くために。我々は逆に心配している。我々の議論が少なすぎるのではないか、いまだ不十分なのではないか、と。

16. 言論は法律が処罰する対象ではない

　まず第一に、言論は法律が処罰する対象ではない。これは、言論の自由を実行する第一の原因・道理である。我々は、一定の時期において、一部の人の言論の権利を剥奪する。しかし、これは、彼らの他人を搾取または抑圧する行為に基づくもの、彼らの法律を破壊する行為に基づくものであり、決して、彼らの思想または言論に基づくものではない。法律は、外部的行為のみを処罰できるのである。マルクスは、次のように指摘する。「およそ行為そのものではなく当事者の思想をその主要な判断基準とする法律は、無法状態を実際に許容するものに他ならない」。「法律についていえば、私の行為を除けば、私は法律にとってまったく存在しないのも同然であり、私は法律のいかなる対象でもない。私の行為こそ、法律が私を束縛する唯一の手がかりである。なぜなら、行為とは、私が生存の権利を要求し、現実の権利を要求する唯一のものであるからである。それゆえに、私もまたその権利をもつ限り現行法の支配を受けることになるのである」。彼はさらに指摘する。傾向を追及する法律は、「私の行為如何を問わず、私の思っていることをも処罰する」。それは、「公民の名誉に対する侮辱であり、私の生存を脅かす陰険な陥穽」である（「プロイセンの最新の検閲訓令にたいする見解」）。経験は我々に伝えている。思想を処罰する法律は、実際上、一切の公民を容疑者［嫌疑犯］とみなすことになる。一個人が誠心誠意真理を追求したとしても、自ら誤謬に陥らないという保証はない。彼は、行為において慎重になることはできるが、思想上大胆にならないことは不可能である。ある人は、思想解放には禁区はない

が、限界がある、という。彼らは忘れている。思想そのものは無限なのである。ちょうど宇宙と同じように、もし、あなたが限界を発見した時は、それはあなたがすでにその限界を超越したことを意味しているのである。彼らは忘れている。限界を認識することは、限界の２つの方面について思考することである。すなわち、我々は、何が思考されてはならないかを思考しなければならないのである。各種の原則は、正確か否かを問わず、それらはただ思考の結論なのであり、思考の前の先天的な戒め・命令ではありえない。思想を処罰する法律は、思想に限界を画することを企図するが、それそのものが自己矛盾なのであり、その結果は、思想の硬直化と窒息をもたらすだけなのである。いわゆる「法の遵守［守法］」とは、法律の範囲内において行動することであり、これは可能である。しかしながら、一個人に法律が規定する範囲内において思考することを要求することができるとでもいうのであろうか。人々が考えることを禁止することが可能であるとでもいうのであろうか。思想は自由なのであり、それが自由でないことは不可能なのである。「私は考える」というのは、「私は私が考えたいことを考える」、「私は私が考えるところを考える」ということなのであり、「私が考えたいように考える」ということなのである。これは、「私はしたいようにする」とは根本的に異なり、一律に論じることはできないのである。

　すべての行為は一定の思想に基づくものであるが、すべての思想は一定の行動を導くとは限らない。古人は「三思の後に行う［三思而後行］」（『論語・公冶長』）と述べている。言語は思想の外在的表現であるが、それがすべて行動の信号であるとは限らない。人々は、十分に言語手段を運用して自由に思想を交流すればするほど、正確な認識に到達し、より理智的に行動することができる。したがって、言論の抑圧は往々にして誤った行動を防止することにはならず、かえって深思熟慮の行動を防止することになるのである。その結果は、必然的に、もし、圧力が大きければ、人々は消極的・受動的となり、もし、圧力が小さければ、人々は気の向くまま勝手に行動することになる。すなわち、言論の制限は、決して行動を制限することではなく、思想を制限することなのである。より厳密にいえば、それは、思想の交流、思想の成熟、思想の発展を制限することであり、それにより、理性が扼殺されるのである。

　言論の処罰が、行動の処罰ではなく、思想の処罰にすぎないものである以上、それは、ある思想を有罪と認定することである。もし、反動思想を有する

ことで犯罪と認定する［判罪］に足りるのであれば、我々は、どうして公に発表された言論のみを犯罪認定の根拠とするのであろうか。どうして、一切の家庭の中に盗聴器を設置してはならないのであろうか。どうして、私人の信書を開封し、個人の日記を検査してはならないのであろうか。また、思想は、しばしば語気、表情、もしくは沈黙を通じて表示されうる。どうして、それら「不法な泣き声」、「下心のある笑い」、「反動的な沈黙」を処罰してはならないのであろうか。間違いなく、これら一切はファシストが全面的独裁［専政］というスローガンの下で実行したことがある醜行である。なぜなら、それらは、すべて思想を処罰する合法的論理から派生したものであるからである。これら一切の明らかに劣悪なやり方は、「思想有罪」というトカゲのしっぽにすぎない。我々が「思想有罪」の体躯を留保しさえすれば、我々が一度また一度その憎らしいしっぽを切ったとしても、しっぽはまた伸びてくるのである。道理で、まだ若いマルクスが「思想罪」に対してあのように憤慨したわけだ。

　同時に、言論は、行為とは異なり、文字をみない限り、事後的に調べ確認することは容易ではない。事実を捏造し誣告をなした場合、その事実を確認することは可能であるが、言葉を捏造して誣告をなした場合、ほとんど永遠にそれを確証することはできない。「文化大革命」の数年間、ある人が何々といったと誣告して他人を罪に問う［判罪］という冤罪がどんなに多かったことか。たとえ、「誣告法（虚偽告訴法）［反坐法］」を実行したとしても、我々は、このたぐいの事柄が誣告に属するかどうかはっきりさせることはできなかった。その結果、冤罪の数だけが増加していったのである。

　もしかすると、言論を処罰すべきという考えを堅持する人たちは、次のようにいうかもしれない。我々は、証拠を重視すべきである。我々は、個人の生活の不法監視に反対している。我々は、証拠が確実な反動言論を公に発表した人のみを処罰しなければならない、と。実際には、このようにすれば、人々の反感を招くことはより少なくなるかもしれない。しかし、言論処罰の根拠となる理由が、もし暴露された場合、それは一段と恥ずべきものとなる。まず、第１に、もし、思想反動が独裁［専政］を必須とするのであれば、個人生活に対する監視・検査の放棄は、十分に職務上の怠慢にあたる。次に、このようなやり方に基づけば、我々が処罰するのは、一切の反動思想の持ち主ではない。あえて公然と責任を負担することを望んで、自己の反動的な観点を発表した人のみを処罰することになる。我々は、誠実な人を処罰し、狡猾な

人を見逃すことになる。多少なりとも我々を信頼する人を処罰し、我々を完全に敵視する人を見逃すことになる。道理を論じることを望み、それゆえ、真理を承認しうる人を処罰し、一切の対話を拒絶する人を見逃すことになる。事実上、我々は、人々が陰謀をめぐらすことを奨励し、人々が二面性をもつことをそそのかすことになる。これこそが、より厳しい非難に値すべきものではないのか。

17. たとえ、言論の処罰が可能であっても、その基準を確定することはできない

次に、言論の処罰には、解決できない難題もある。それは、すなわち基準の確定の問題である。この基準は是非を鑑別するために用いられるのではなく、敵・味方を区別するために用いられる点に注意しなければならない。したがって、「6項目の基準」〈訳注2〉は明らかにこの目的に適合しない。また、これは、刑罰を科する法律上の基準であり、それゆえ、意義が不確定な政治上の基準を使用することはできない。換言すれば、我々は、この基準に違反することが意識的・自覚的な反革命であること、さらに、人々がこの基準を使用する際に複数の解釈が発生しえないことを確保しておかなければならない。

この基準を制定する場合、2種類の考慮がありうる。一つは、それを厳格かつ確定的とすることであり、もう一つは、それを弾力的かつ全面的とすることである。前者は字句に固執・拘泥し、後者は傾向を追究するものである。残念ながら、この2種類の方法はともに役に立たない。

1つめの考慮に基づけば、我々は、どの字句が禁止されるものかを明確に規定する。これに反すれば、反革命である。このような方法の長所は、紛らわ

〈訳注2〉「6項目の基準」：1957年の「反右派闘争」時に、毛沢東は「人民内部の矛盾を正しく処理する問題について［関於正確処理人民内部矛盾的問題］」という論文を発表し、同論文の中で、当該言論が「正しいかどうか、はたして香花（芳しい花）なのか毒草なのかを見分ける」基準として「6項目の基準」を提起した。内容は次のようなものである。「①全国各民族人民を分裂させるのではなくて、その団結に有利であること。②社会主義的改造と社会主義建設に不利ではなくて、社会主義的改造と社会主義建設に有利であること。③人民民主主義独裁を破壊したり、弱めたりするのではなくて、この独裁を強固にするのに有利であること。④民主集中制を破壊したり、弱めたりするのではなくて、この制度を強固にするのに有利であること。⑤共産党の指導から離れたり、これを弱めたりするのではなくて、この指導を強固にするのに有利であること。⑥社会主義の国際的団結と全世界の平和を愛する人民の国際的団結を損なうのではなくて、これらの団結に有利であること。この6項目の基準のうち、最も重要なのは社会主義の道と党の指導の2項目である」。

しい意味を生じさせることなく執行し、それにより、権力の濫用と冤罪・でっち上げ・誤審［冤、假、錯案］の発生を避けることができる。短所は、融通がきかなくなり、容易に様々な抜け道が生まれ、その基準が完全に禁止の作用を果たしえないことである。人々の言語はきわめて変化に富んでおり、限りなく奥深い。いくつかの禁句や障害を避けて、人々はこれまでと変わることなく一切の思想を表現することができる。異なる語句で同じ意思を表現することができ、同じ語句で異なる効果を発生させることができる。したがって、もし、このような基準に基づいて実行しても、少しも役に立たないことは明らかである。

　２つめの方法も同様に推敲に耐えられない。傾向を追究する基準は、それ自体具体的・確定的ではなく、執行者の理解能力を通じて実現されることになる。それは、人治をもたらし法治を取り消すことである。周知のとおり、あいまいでどっちつかずの法律は法律たりえない。もし、真に法律を擁護する人々が、同一の法律の含意［含義］について、各種各様の解釈をすることが可能である時、法律はもはや無効となる。

　例えば、我々が、一切の反党・反社会主義・反人民の言論を禁止する、と規定したとする。一見、これはすばらしいようにもみえるが、当該言論がそのような類型に属するかどうかについてどのように判断するのか。一個人がこの点をありのままに遠慮せず表明しない限り、この判断はきわめて困難である。ただし、それはおそらくきわめてまれなことであろう。したがって、彼らは、彼らの認識能力に基づいて各種の言論に対して識別しなければならない。しかし、多数の意見は必ずしも真理のメルクマールであるとは限らない。指導者もまた絶対正確な天帝ではない。皆の意見がまちまちである状況下において、誰が至高無上の仲裁人を務める資格を有するのか。結局のところ、人数がより多く権力がより強い一方が、自己の判断を他方に押しつけるだけである。これこそが「強権すなわち真理」の論理なのである。いわんや、悪人が権力を掌握すれば、鹿を指して馬というであろうし、たとえ、善人が権力を掌握しても、一時的な識別不明があるだけで、それは、真理を扼殺する悲しい結果をもたらすには十分である。我々が、自分たちが禁止しようとするのは真に反動的な言論なのである、とどんなに誠意ある表示をしようとも、我々が実際上禁止するものは、すべてその時の権力者（当局者）がみたところの反動的言論であり、必ずしも真に反動的な言論ではない。ここにおいて、

主観上の良好な願望や責任精神は関係しない。我々が、真理には尽きるところがなく、真理は全知全能ではないということを承認しさえすれば、このような武断的態度をとるいかなる理由も存在しなくなるのである。

　実際に、過去の20年間において、中国では、驚くべき数の冤罪・でっち上げ・誤審［冤、仮、錯案］が発生したが、その中の大部分は、言論を罪に問うこと［因言治罪］の結果である。これら誤りの重大な結果は、一般人の予測をはるかに超えるものである。古人は、「１人を殺して大勢（100人）のみせしめとする［殺一儆百］」と述べたが、現在の状況をみればそれは正しくない。１人を殺せば、実際には千、万、さらに多くの人のみせしめとすることができる。「天安門事件」〈訳注3〉は、300人あまりを誤って捕らえたにすぎない。これは、全国10億人の人口の300万分の１にも及ばないが、全国的な反革命（白色テロ）の恐怖を作り出すのに十分であった。過去の誤りの中から、我々はいかなる教訓を汲みとるべきであろうか。少なくともただ一点、言論を罪に問うこと［因言治罪］を再び実行してはならない。

18. 前節の続き

　しかしながら、少数の人はそのように考えていない。彼らは、今後、より厳格に区分することに注意しさえすればよい、という。このような議論は、実際には人々を進退両難の境地に陥らせることになる。過去にあのように多くの冤罪・でっち上げ・誤審［冤、仮、錯案］が発生したのは、すべて、当時の人々が「厳格な区別」を考えなかったことにより作り出されたものなのであろうか。確かに、仕事をしようとすれば、誤りを犯すことを避けられない。犯しうる誤りのために仕事をしないということはできない。しかし、言論を罪に問うこと［因言治罪］はこのたぐいには入らない。言論を罪に問うこと［因

〈訳注3〉「天安門事件」：1976年4月に天安門広場およびその周辺で発生した中国政府・共産党に対する一般大衆の自発的抗議運動。1989年6月の「天安門事件」と区別するため、運動・事件のピークとなった月日から、1976年のものは「四五運動」と、1989年のものは「六四事件」と別称される。「四五運動」では、同年1月に死去した周恩来の追悼活動が、「四人組」指導部批判へとエスカレートした。運動は、「反革命事件」と断罪され、強権的に抑圧されたが、その後、「四人組」の逮捕、鄧小平の復権に伴い、1978年11月に「大衆の自発的な革命的行動」として名誉回復された。なお、本論文では、「『天安門反革命事件に憤怒しこれを糾弾する』といった集会」という表現が登場するが、これは、「四五運動」が「反革命事件」として弾圧された直後、「四人組」の号令の下、全国各地で展開された集会を指す。一般大衆が「四人組」に「踊らされた」ことを胡平氏は指摘しているのである。

言治罪］を実行することは、革命のために必要なのではない。言論を罪に問うこと［因言治罪］を取り消すこともまた、思想闘争を取り消すことを意味するわけではない。「敵を3000殺せば、味方が800傷つく」。革命の事業の中で、自らの隊伍の戦士の一部分に犠牲が出ることもまた、よくあることである。しかしながら、犠牲には２種類ある。一つは、前方の激しい戦闘で敵の矢に当たって死ぬこと、もう一つは、後方の自陣から不意に飛んでくる矢に当たって死ぬことである。もし、勇士たちが最前線で奮闘しているにもかかわらず、ただ単にその中に何人かの悪人が混じっていると猜疑されれば、後方の自陣から、彼らに向かって容赦なく矢が放たれるのである。このことが、果たして弁解できるであろうか。

19. 発言者を罪に問うことは犯罪処罰の正当な意義に合致しない

　ある人は、発言者を罪に問うこと［言者判罪］を力説するが、このような罪に問うこと［判罪］の意義について考察することは少ない。本節において、我々は、この点について簡単に分析を試みたい。もしかすると、言者無罪の根拠を強化する一助となるかもしれない。

　一般的にいえば、罪に問うこと［判罪］は、以下のような役割を果たすためのものである。すなわち、償い、改造、隔離、もしくは潜在的な犯罪者に対する威嚇である。

　殺人は命をもって償い、汚職は罰金をもって償う。これが償いである。ただし、償いは常に同等の性質の事物と相殺するものである（相応の事物がない時を除く）。この論理に基づけば、ある言論に対する償いは、別のある言論でなければならない。そうである以上、各種の意見が自由に発表できるところでは、批判が許されるだけでなく、反批判も許される。とすれば、もはやその他の手段を用いて償いをなす根拠は存在しなくなる。ある話をした人を捕らえて監獄に入れることは、償いのためではない。ここからわかるように、償いという角度から出発すれば、言論を罪に問うこと［因言治罪］に道理はない。

　改造について論じれば、言論は思想問題に属し、それは説得しうるものにすぎない。罪に問うこと［判罪］を通じた強制的な服従では、真に人の認識を改変させることはできない。心得ておくべきことは、改造という理論は、悪い環境および悪い生活方式を改変することを通じて、思想の転換を成就させ

るという目的に到達するに足りるものでなければならないということである。したがって、それは、必然的に悪い思想を生み出すような悪い環境および悪い生活方式の中で生活している人々に対してのみ適用しうる。正当な職業に従事し、一般人と同様の生活方式で生活しているが、異なる見解をもっているにすぎない人に対しては、まったく無意味である。

　隔離については、言論はひとたび発生すれば、独立の生命を具えるので、罪に問うこと［判罪］は発言者を隔離することができるだけで、彼がすでに発した思想を隔離することはできない。ある見解が、もし、衆人に排除されれば、発言者の隔離は必要でなくなる。もし、衆人に受け入れられれば、発言者の隔離はその意味がなくなる。ある人は、発言者の隔離は、その人がある思想をさらに拡散することを防止することができ、それゆえ、それはなお有意義である、という。しかし、誤った思想は、毒ガスではないし、銃弾でもない。それらが、能動的に他人の意識を害することは不可能である。一個人がある見解に道理があると考えない限り、このような観点は、この人に対してはいかなる影響も及ぼさない。とりわけ、ここにおいて隔離の対象となるような見解は、すべて支配的地位を占めない「非正統」の見解である。それらは、他人に注意および受容を強いる勢力を完全にもちあわせていない。もし、このような劣勢の地位におかれた見解が、他人の意識に影響を及ぼす作用を発揮しうるのであれば、それは、必然的に、他人が、それらと政府側［官方］の意見とを詳細に比較した後、前者に説得されたためである。このことは、往々にして、当該見解が新鮮な真理を含んでいるメルクマールである。換言すれば、真に荒唐無稽な言論は拡散を防止する必要はなく、もし、禁止しなければ人心を征服しうる思想は、往々にして正確な思想なのである。

　もちろん、ある人は、大衆の多くは好奇心のようなものを有し、それゆえ、非正統の見解について特に容易に興味を示す、というかもしれない。しかし、「一言堂」（権力者の一存だけで物事を決める）の雰囲気の下では、人々は、異なる意見をことのほか重視するものである。各種意見が自由に発表できさえすれば、人々は、これら反対意見に注意を向けなくなるであろう。注意すべきは、人々の好奇心を刺激することにより影響力を獲得する意見は、彼らに正常な発表の機会が欠如しているという前提の下で存在しうるということである。ひとたび、反対意見の発表が自由になされそれが当たり前という状況になれば、人々のそれに対する好奇心は自然に消滅するであろう。したがっ

て、ある人は、異なる意見を抑圧することは往々にしてそれらに代えて反宣伝をなすことである、と指摘するが、これは決して道理を有さないものではない。

　それから、拡散を防止する意図は、人々が誤った思想を受容することを禁止することに他ならない。これは、完全に、大衆を阿斗〈訳注4〉とみなす後見人の立場、大衆を童とみなす「父母官」の立場から来るものである。最もよい状況下においても、一本槍で、世間と接することができない教条主義者を養成しうるだけである。もしかすると、ある人は、我々は、大衆を反面教材に接触させ、それによって、大衆の免疫力を増強させることを望んでいる、というかもしれない。しかし、それらは、我々の選択を経なければならないのであり、同時に、我々は、反面意見を発表する人を捕まえてこなければならない。しかしながら、もし、我々が、大衆にその認識能力を向上させる反面教材を選び出すのであれば、先に、それに「批判用」というハンコを押すことになる。それでは、彼らにとっての望ましい意図はほとんど達成できない。ただ単に、一個人の観点に反駁しそれを退けるために彼の著作を読むというのでは、何の収穫も得られないだろう。それは、ちょうど複雑錯綜した反スパイ映画を観るようなものである。事前に観衆に誰がスパイであるかを告げることは、観衆の思考の推理能力に対して何の助力にもならない。とりわけ、もし、我々が同時に反面意見を発表する人を捕まえてくるのであれば、その効果はよりひどいものになる。それは、いかなる思想が正確で、いかなる思想が不正確であるか、について人々の弁別を啓発するものではなく、実際には、何があなた方が考えてよく話してよいか、何があなた方が考えてはならず話してはならないか、を人々に警告するものである。それは、思想の解放ではなく、禁区の設置である。それは、認識の向上ではなく、理智の抑圧である。したがって、隔離政策の実行は、必然的に真理を抑圧するだけでなく、広範な人民の智能の衰退をも促すのである。

　実際に、ある人は、「善意の」愚民政策を一貫して称賛している。すなわち、人民の願望に基づくと自称して、一切の力を用いて、人民の思想を統制する愚民工作を推し進めるのである。人民の思想を純粋にするためには、彼らの

〈訳注4〉阿斗：三国時代の蜀の第2代皇帝劉禅の幼名。諸葛亮の補佐の下で政治を行ったが、諸葛亮の死後は酒色にふけり国を滅ぼしたと伝えられる。それゆえ、中国では、「阿斗」という語は愚昧・無能な人の代名詞として使用される。

言論の自由を論ず

頭脳を簡単にするのがよい。その結果は、停滞し、融通性のない、進歩がとりわけ緩慢な社会が作り出されるだけである。このような貧困で、単調で、静止した社会形態は、それらの人の心の中の「理想国」であるかもしれない。しかし、人民はそうした社会を歓迎しないであろうし、そうした社会は、必然的に今日の高度に変化し迅速に発展する世界の中で無情に淘汰されるにちがいない。

　最後に、我々は、発言者を罪に問うことが潜在的な犯罪者を威嚇するためであるかどうかについて考察したい。もし、このような目的によるものであれば、以下のいくつかを黙認することに他ならない。①権力者（当局者）は、自己が唯一神聖なものである、と考え、彼は、一切の彼を批判する人を「犯罪者」とみなす。②権力者（当局者）たちは、自らの信奉する一連の方針を絶対的正確でかつ唯一正確であるとみなしているだけでなく、さらに、各個人が、このような正確性に対して、自ずと確固とした信奉を有している、と断定している。端的にいえば、それは生まれながらの天賦の観念でなければならない。それゆえ、およそこれらに対して思考し、疑問をもち、探求し、討論することにより、異なるまたは反対の意見をもつに至った者は、必然的に胸に一物ある者、悪いことをしたのに悔い改めようとしない者ということになる。したがって、重刑をもって対処し、恐怖・威嚇を与える以外に、その他の選択は存在しない。③権力者（当局者）たちは、相当の数の人々が自らに反対していることを承認している。少なくとも、彼らは、もし、反対意見を公に発表することを許容すれば、反対意見が相当の多数を構成するかもしれないと考えている。それゆえ、このような潜在的な敵対者に恐怖を与える必要、いわば一人を殺して大勢のみせしめとする［殺一儆百］必要があるのである。④権力者（当局者）たちは、反対意見と討論を展開することについて、人心を勝ちとる自信がない。それゆえ、このような理性の伸張に訴えることのない、理性の封鎖という当てにならない手段を採用するのである。ここにおける主要な点は、このような恐怖を加える対象が言論であり、思想である点である。したがって、それは、自らが正当であることを絶対に証明することができない。一人の権力者（当局者）がある行為を鎮圧した場合、この鎮圧が正当かどうかをどのように判断するのか。人々の賛成または反対の意見の多寡に基づき衡量することは可能であろう。しかしながら、もし、鎮圧する対象が行為ではなく観点であった場合、その正当性は証明できないのである。一切の異

なる意見の持ち主は、潜在的な犯罪者およびその共犯者とみなされる。彼らはいわばニワトリを絞め殺すのをみせつけられ脅かされている猿のようなものである。賛成者だけが率直に自分の意見を述べることができる。このような前提の下で、鹿を指して馬というような事態がどうして発生しないといえるだろうか。確かに、このような恐怖は、時として権力者たちの現有の地位を強固なものとするであろう。しかし、それは、広範な人民の彼らに対する信頼と忠誠を通じてその目的に到達しているのではない。ちょうどそれとは逆に、人民の彼らに対するわだかまりと敵意を増加させることによってその目的に到達しているのである。したがって、このような政策は、人民を敵とする意志をもっている政権についていえば、必要なものであるにちがいない。たとえ、その効果が毒酒を飲んで一時の渇きをいやすに等しくてもである。しかし、それは、真に誠意をもって人民の利益を図ろうとする政権についていえば、完全に有害なものである。たとえ、ある時期において、このような手段が快刀乱麻を断つ応急措置として必要だとしてもである。

上述したことをまとめれば、発言者を罪に問う［言者判罪］というやり方は、犯罪行為に対する処罰とは完全に異なり、それにはいかなる理論的根拠もない、と結論づけることができよう。

20. 言論の自由を実行するか否かについての利害の比較

以下において、我々は、言論の自由の実行と言論の自由の不実行について、それぞれの優劣・利害の全面的な比較を行いたい。

(1) 言論の自由の実行は真理の認識に有利である

まず、言論の自由の実行は、真理を認識し、真理を発展させるのに有利である。これは、さらに2つのレベルの意味を包含する。第1に、言論の自由を実行するという条件下において、新しい真理は、多数者の一時の反対により揺りかごの中で扼殺されることはない。第2に、各種言論が自由に発表できるところでは、人々がより楽しんで思考することができ、思考力はより敏捷であり、それにより、新しい真理をより容易に発見することができる。

いかなる真理も、衆人に認識される前においては、往々にしてまず少数者の認識からスタートする。真理の発展は、竹のように、新しく成長した節が古い節をいつも承継するものではない。それは、灌木のように、しばしば側

面から枝が生えてきたり、ある時には地面から別の一群が姿を現してきたりするのである。それゆえ、たとえ、多くの真理を掌握する人であっても、今後の一切の新しい真理が、すべて必然的に彼の掌握する古い真理の単純な延伸である、と専断的に公言することはできない。彼も、真理を衡量する最高裁判所判事を担当する権限を有することはない。したがって、我々が誤っていると考える意見を抑圧することは、新鮮な真理を抑圧することになるかもしれないのである。

　ある人は、純金はいくら溶かしても変わらない、真理は禁じようとしても禁じられるものではない、という。この発言は、正確であるとは限らない。真理は、火と同様に完全に消滅しうるものであり、ただ、再び点火できるものにすぎない。歴史上、真理が封殺されたことにより、人類文明が後退させられた悲惨な先例は数多く存在する。とりわけ、我々は、真理は最終的に迫害に勝利するということを理由にして、「他人と異なる独自の見解」を迫害することが正当無害であることを証明することはできない。また、迫害はちょうど一つのふるいのようなものであり、我々が一時反動的であると考える一切の観点を禁止することは、消滅させるべき毒草を消滅させるにすぎず、生命力のある真理を消滅させることはなく、そして、それは、真理がさらに大きな輝きを発する一助となる、ともいわれる。これも、明らかに詭弁であり、暴政にこびへつらうことである。確かに、人類の進歩の趨勢は阻止しえないものである。しかし、我々は、進歩に関心を向けるだけでなく、進歩の速度にもより強い関心を向けなければならない。進歩の速度を停滞させ遅延させるいかなる事柄に対しても、断固として反対しなければならない。

　真の反動言論に対して、それをも罪に問わない［不判罪］という状況下において、初めて新しい真理はたくましく成長することが可能なのである。真理の白鳥は、その初期においては、しばしば人に醜いアヒルの子とみなされている。もし、我々が、一方において、人々にいいたいことを思う存分にいうよう奨励し、他方において、「悪毒攻撃」者を容赦なく厳罰に処すると宣言すれば、それは、あたかも、一方の足でアクセルを踏み、もう一方の足でブレーキをかける運転手のようなものである。前漢の路温舒の発言は適切である。「オシドリの卵は壊さなければ後にそれは鳳凰となるかもしれない。誹謗の罪を誅さなければ後にそれは良言・諫言となるかもしれない」（『漢書・路温舒伝』）〈訳注5〉（ここでいう誹謗とは批判・攻撃をなすという意味で解釈し、

法律概念における誹謗と混同してはならない）。これは、きわめて弁証法的な思想である。言論の自由に限界を画そうとする人は、その動機がどんなに誠実であっても、その限界がどんなに正確であっても、必然的に言論を抑圧し、真理を封殺し、理智を扼殺し、進歩を阻害しているのである。

　頑張って頭を使うのは、頑張って手を使うのと同様に、習慣の産物であり、長期にわたる叱咤激励と修練の如何にかかっている。言論を罪に問う［因言治罪］という雰囲気の下においては、思考しない人が最も安全である。これは、理性に対する懲罰、思想に対する懲罰を意味している。そして、智力の発展を最大限に束縛する。最も理想的な状況下においては、それが達成しうるのは、思考が単純で、思考力が薄弱で、創造的精神が欠如した善人を多数創出することに他ならない。このような人に依拠すれば、永遠に現代化をなしえないだろうし、遅かれ早かれ国家全体が「地球から除籍される［開除球籍］」境地に陥るであろう。

　想像してみてほしい。もし、次のような2つの異なる社会があったとする。一方の社会では、人々は、新しい主張を提唱し異なった意見を表明できないことのみを恐れ、新しい真理の発見において他人に立ち後れることのみを恐れる。もう一方の社会では、逆に、人々は、何か大衆とは異なる見解を発表することのみを恐れ、思想が他人の前をいき、他人に非難され打撃を受けることのみを恐れる。前者の社会では、たとえ、最も臆病な人であっても、まれに浮かぶいい考えを率直に周りを気にかけることなく表明する。後者の社会では、最も勇敢な人が、自ら最も自信をもって把握する新しい観点を発表する時さえ、再三躊躇せざるをえない。どちらがたくさんの花が咲き誇り［百花斉放］、どちらがすべての草がたち枯れる［百草凋零］といえようか。どちらが活気がみなぎり［生気勃勃］、どちらが沈滞しきっている［死気沈沈］といえようか。どちらの人々がますます聡明になり、どちらの人々がますます愚鈍になるといえようか。もはや明白ではなかろうか。

　実践は、およそ言論を罪に問うこと［因言治罪］を実行する国家は、すべて一定程度の停滞と腐敗を招いていることを証明している。その程度は、ちょ

〈訳注5〉より詳細にいえば、「オシドリの卵の中には、良い卵もあれば悪い卵もある。もし、悪い卵を取り除くために、すべての卵を壊してしまえば、将来孵化した後に鳳凰となるかもしれない卵までいっしょに壊れてしまい、自ずと鳳凰が生まれることもなくなってしまう。同様の論理で、もし、言論の中の誹謗を取り除くために、すべての言論を禁止してしまえば、建設的な言論までいっしょに封殺されてしまう」という趣旨である。

言論の自由を論ず　　53

うど言論を罪に問うこと［因言治罪］の程度と正比例している。これまでの人類の智恵の大多数の新成果は、大きくは科学における新理論から、小さくは服装における新様式まで、すべて言論が自由な国において誕生している。このことに注意の目を向けてもいいのではなかろうか。ある人は、我々が資本主義を美化している、と攻撃するかもしれない。しかしながら、もしかすると、我々の方が、より社会主義の優越性を理解しているかもしれない。まさに、この一点から、我々は、言論の自由の実行をはじめとする民主の巨大な意義に格別の注意を払っているのである。一方は、資本主義的生産様式プラス言論の自由であり、もう一方は、社会主義的生産様式プラス言論の不自由である。現在の形勢は、経済・科学・文化等の発展の分野において、後者になお様々な隔たりが存在する。答案は2種類しかない。およそ言論の不自由を言論の自由よりも好ましいと考える人は、後者の現在の未発達の状態を社会主義的生産様式が資本主義的生産様式にはるかに及ばないことのみに帰属させる。それゆえ、たとえ、これによりよい言論の不自由を加えても、隔たりを縮めるには無力である。およそ言論の自由が言論の不自由に勝ると考える人は、後者の立ち後れを言論の不自由の上に帰属させる。したがって、言論の自由を好ましくないと考える人は、内心の深いところでは、資本主義的生産様式を盲信しているといえるのではないだろうか。我々の見解に照らせば、社会主義的生産様式はきわめて大きな優越性を有している。しかしながら、我々が長期にわたり政治的民主化の建設を軽視し、言論の自由を実行してこなかったこと等により、その優越性が十分に発揮できておらず、かえって後方に落後しているのである。ここからわかるように、我々が言論の自由を賛美していることを資本主義を美化しているといいなすことは、実際には論理に合致しないのである。

(2) 言論の自由の実行は真理の発展に有利である

　第2に、言論の自由を実行することで、真理は、誤謬との闘争の中から多くの有益な養分を吸収することができる。
　周知のとおり、基本的に誤謬の思想も、その中に部分的な真理を包含しているかもしれない。少なくとも、それは、しばしばさらなる思考を喚起する価値ある要素を含んでいる。異なる思想間の相互影響関係は、ある時には非常に奇妙なもので、事前にそれは予測困難である。マルサス（Thomas Robert

Malthus）の『人口論』は、おそらく真の科学ではないが、それがダーウィン（Charles Robert Darwin）が自然選択説を発見するのを刺激する誘因となった。れんがを投げて玉を引き寄せることができる。誤謬は真理を引き出すことができ、唯心主義は唯物主義を引き出すことができ、反動思想は革命理論を引き出すことができる。この点は、哲学史・科学史においてよくみられ珍しいことではない。人々も皆このことを承認している。しかしながら、一部の同志は、ある不可思議な論理を維持している。すなわち、このような対立面から吸収し自らを補充するという状況は、マルクス主義の出現以前においてのみ生じうるものであり（なぜなら、マルクス主義そのものが、西側ブルジョア階級理論を批判的に吸収した後創設されたものであるからである）、1847年のマルクス主義の正式誕生の後は、全世界のブルジョア階級は一斉に馬鹿者になったため、もはや彼らからいささかも価値ある思想は出てこないというのである。このようにマルクス主義を未来の世界を含む一切の答案の中で神の著作とみなすのは、明らかに宗教崇拝の表現の一つである。実際に、革命先駆者は、これまで一貫して、ブルジョア階級から学習し、資本主義から学習することを提唱してきた。もちろん、それは、彼らの一切を学習することではない。その中の価値あるものを学習することであり、それには、誤ったものに対する分析・批判も含まれる。しかしながら、言論の自由の不実行は、これらの利点を必然的に失わせることになる。ここ数年、我々は国を閉ざし、真理は我々の中にあるとして、多くの愚かなことをなし、多くの本来完全に回避できたはずの回り道をしてきた。これらは、まさに深刻な教訓ではないのか。マルクス主義を理論的基礎とする国家が、マルクス主義研究の分野において、他の多くの国家の後塵を拝してきたのである。このことをどのように解釈すべきであろうか。1つめは、言論の自由を実行しなかったために、様々な非マルクス主義に正常な表現の機会を与えることがなく、その結果、マルクス主義が異なる思想から吸収し自らを補充し発奮させるという利点を喪失させたということである。2つめは、言論の自由を実行しなかったために、マルクス主義に対する新しい解釈・新しい理解、さらには、一部の観点に対する再評価を、すべて修正主義として排斥し、へんぴで寂れたところ（日陰）へと追いやってしまったことである。その結果、マルクス主義の是非を混淆し、その信用と評判を傷つけ、根本からマルクス主義の無限の生命力を窒息させてしまったのである。

(3) 言論の自由の実行は真のマルクス主義者を養成するのに有利である

　第3に、たとえ、我々が信じて疑わない真理であっても、他人の批判を許すべきである。このことこそが、真のマルクス主義者を養成する方途なのである。

　人類の認識過程についていえば、いかなる天賦自明の真理も存在しない。いかなる理論も、それが十分に研究される以前において、あなたがそれを信奉すると宣言することは、自分を欺き人をも欺くことである。真理の受容は、懐疑、比較および研究の段階を経なければならない。毛沢東同志は、初期において無政府主義を信じていたことがある。魯迅は、最初ニーチェを称賛していたことがある。これらについて、人々は皆不思議に思うことはない。とすれば、我々は、どうして今日の人々に初めからマルクス主義を信奉するよう要求することができるだろうか。マルクス主義について疑問や動揺を示し、さらには反対を提起している人、とりわけ青少年に対して、そうした疑問や動揺は、認識上避けられない誤りによるものでも、正常な認識へ至るにあたり必ず経るべき段階に属しているものでもなく、逆に、極悪非道で、反動きわまり、万死に値するものであると、いかなる根拠に基づいて断言できるのだろうか。

　知識は遺伝できず、信奉は遺伝できない。前の世代の人が長期にわたる実践を経て獲得した知識、正反両面の経験を経て確立した信奉は、たとえ、それらが次の世代に完全に適合するものであったとしても、次の世代の人がもしそれらを受容しようとすれば、やはり彼らの先輩たちが経験した探求過程を必然的に経験しなければならないのである。先輩たちの経験という助けの下で、この過程は多少短くなるかもしれないが、それが存在しなくなるということはありえない。しかしながら、言論を罪に問うこと［因言治罪］は、一部の人が、彼らが認識するに至った真理を、いまだ認識するに至っていない人に、後世の子々孫々に、強要することである。先天的な公理として無条件に受容することは、客観的な認識規律に符合しないだけでなく、理性・尊厳の反抗をも引き起こしかねない。評劇「劉巧児」は一つの有力な証明である。農村の少女劉巧児は、小さい頃から、父により隣村の青年趙柱児との縁談が決められていた。巧児は趙柱児に会ったことがなかった。彼女は、隣村の青年趙振華と知り合い、彼を好きになった。そのため、彼女は父が請け負った

趙柱児との縁談に反発・反対し、趙柱児との縁談を取り消した。後になって、彼女は知った。趙柱児こそが趙振華だったことを。このことは、巧児の反発・反対が間違っており、彼女の父の請負が正しかったことを説明しているのであろうか。そうではない。彼女が反発・反対したのは、父が独断で結婚を請け負ったというやり方に対してであった。たとえ、父の好意によるものであっても、たとえ、父が指定した結婚相手がよい人であっても、このような独断で請け負うやり方は完全に誤りである。巧児は父を尊重しなかったわけではない。彼女の父が巧児をまったく尊重しなかったのである。すべてを人に代わって請け負うというやり方について、それに素直に従うのは、軟弱無能で、自分の見解をもたず、将来性のない人々だけである。真理もまたそれと同じである。他人に真理を受容するよう強要し、他人に自分たちが正しいと思っている信奉を無条件で受容するよう強要することは、必然的に理性の反抗をもたらし、真理の声望を破壊し、真理を自らの裏側へと追いやってしまうであろう。人類が事物を認識するには、自ずとその客観的規律があるのであり、このような規律を無視すれば、たとえ、それがどんなに誠意ある動機によるものであっても、やはり懲罰に遭うのである。

　我々が真のマルクス主義者を養成しようと考えるのであれば、真に言論の自由を実行することが要求されなければならない。人々は、異なる見解を十分に理解した後で、初めて真理に対する信奉を確立することができるのである。人々は、誤った思想と対等な論戦をなす中で勝利を得ることができた時に、初めてその理論を真に掌握することができるのである。相手方の発言権を剥奪した後に、再度相手方を批判すれば、武断、単純化および道理に合わないことを強弁すること［強詞奪理］を避けられない。このことは、真理を堅持し誤謬を批判することを損なうだけではない。より重要なのは、人類の理智能力を徹底的に破壊し、人類が真理を追求するという崇高な意志を傷つけることになるかもしれないということである。わずかの真理を失うことはあまり恐ろしいことではない。しかし、真理を獲得する能力を失うことはあまりに恐ろしい。わざと大げさなことをいっているのではない。実際に、我々は、すでに独立して思考することができない人を養成してしまっている。彼らは、頭の外形だけは成長しているものの、頭の中に他人の「思想」を注入してもらうことを必要とする。「一言堂」（権力者の一存だけで物事を決める）の空気に慣れてしまっており、ひとたび、各種の異なる意見が彼らの面前に

並べられると、誰のいうことを聞いたらよいのかわからない。なぜなら、この時、どれが真理なのかを宣言してくれる至高無上の権威は存在せず、権威に服従することしか知らない彼らは、自らの頭で思索することもできないからである。これらの人は、上で述べたような信奉や観点が結局のところ何を意味するのかを真に理解することには関心がない。さらには、それが正しいか誤っているかを問うことさえおっくうである。唯一の教義がおかれていればそれでよい。最も恐れるのは異なる観点の論争である。論争を一目みれば、驚いて「思想が乱れている」と叫ぶ。まるで、それが最大の罪悪であるかのごとくである。昨年（1978年―訳者）の『歴史研究』誌は、2篇の観点の対立する学術論文を掲載したにすぎないのに、直ちに、ある人は深く不安を覚え、手紙で抗議を行った。結局のところ、どれが正しいのか、と。

　イギリスの大詩人ミルトン（John Milton）がすばらしい発言をしている。「聖書の中で、真理はさらさらと流れる泉に喩えられる。もし、その水を永遠に流動させなければ、水は従順で踏襲するだけの泥沢へと腐敗するであろう。人は、真理の上で異端者であるかもしれない。もし、ただ単に、牧師がそういうからとか、あるいは議会でそのように決まったからとかという理由だけで、それ以外の理由は知らずにある事物を信じるというのであれば、たとえ、彼の信じるところが真実のものであっても、なお彼の信じる真理そのものが異端となってしまうのである」（『言論・出版の自由――アレオパジティカ他一篇』）。

　朱熹の詩はいう。「なぜ、この沢の水はかくも澄んでいるのか。それは水源から絶えず水が流れ出ているからだ［問渠哪得清如許、為有源頭活水来］」（「観書有感」）。真理の根は、現実の土壌の中に入り込んで、初めていつまでも生命力を保持し続けるのである。人類社会は、一つの成長し続ける有機体であり、発展を束縛するような窮屈な服（レオタード）は着られない。社会の発展規律を正確に反映するものとしての真理もまた、必然的に不断に発展するものであり、精神的自由、言論の自由は、このような発展を保証する基本的前提なのである。

　ある人はいうかもしれない。生きとし生けるもの（下々の一般大衆）は、深遠な哲理を必要としてはいない。ただし、彼らには正しい信奉がなければならない。彼らの信奉を正しいものとするために、我々は、若干の原則を懐疑を許さない公理として彼らに教示しなければならない。彼らの信奉を確固と

して動揺しないものとするために、我々は、それに敵対する観点を禁止しなければならない。このような論法には、少なくとも３つの誤りがある。①それは、立ち後れた、真理を追求しようとしない大衆に迎合することを口実として、真理の探索を希求する先進的大衆を抑圧し彼らに打撃を加えている。それは、立ち後れた人々を可能な限り先進的な人々の水準にまで引き上げるよう努力するのではなく、先進的な人々を凡人の水準にまで引き下げるよう強要する。それは、人々が不断に成熟することを促進するのではなく、人々が成熟へと至る一切の道を封鎖する。②それは、人々を２つの部分に分けることを意味している。一部分の人は一切の真理を占有し、他の一部分の人は、口を開けてそれを受容しなければならない。それは、我々に大多数の人の認識能力を疑問視させ、また、ごく一部の人の絶対的正確性を無限に信頼させる。一部分の人は永遠に保母であり、他の一部分の人は永遠に嬰児である。③それは、反面意見を知ることは正しい信奉を動揺させるだけであると考え、反動的な思想の方が、正確な思想よりも強い力量を有していると考えている。純粋であるためには無知でなければならず、正確であるためには愚昧でなければならず、動揺しないためには痴呆でなければならない。このような観点は、マルクス主義とは何ら共通のところはない。ただの純粋な愚民政策である。寧夏共産主義自修大学の青少年が、どうして無惨な仕打ちに遭ったのか〈訳注６〉。彼らは、共産主義の学説を研究したいと思っただけなのに、当地の「枢機卿［紅衣主教］（共産党の権力者を指す—訳者）」からみれば、それは大逆無道であった。共産主義は真理ではないのか。信奉にすぎないのであれば、研究する必要なんてないのではないのか。研究したいと思うからには、必ず他に企むところがあるはずだというのが、権力者側の論理である。確かに、世界には、思考するのがおっくうで、いかなる学説を一生信奉するかという選択を回避し、むしろ他人にそれを決めてほしいと望む人がいる。このような謝惠敏〈訳注７〉のような人は、もし、中国で生活していれば毛沢東思想を信奉していると自称するであろうし、もし、ソビエト連邦で生活していればブレジネフ主義を擁護しているかもしれないし、もし、インドで生活していればヒンドゥー教徒であるかもしれないし、もし、リビアで生活していればムスリムであるかもしれない。これらの人は、必ずしも廃棄物とまではいえないが、少なくとも精華の数には入らない。たとえ、盲目的に悪に従うものでなくとも、少なくとも意識的に善をなすことはない。彼らを譴責する必

要はないかもしれないが、決してこのようなことを提唱してはならない。もし、彼らがその長さを「プロクルステスの寝台」〈訳注8〉に合わせてしまえば、そこで理智は終わってしまうし、真理も終わってしまう。頭脳をもたない人が頭を揺り動かし独りで悦に入れば、頭脳をもつ人がその頭脳を喪失してしまう。残酷な粛清は永遠に収束することはないし、文明の進歩もはるかに遠く期限のないものとなってしまうであろう。

　真理は無敵である。真理の基準の一つは、それが誤謬との闘争の中で勝利

〈訳注6〉「寧夏共産主義自修大学事件」：「寧夏共産主義自修大学」とは、13名の1966年度・1967年度の大学および高校卒業生が、1969年11月に、寧夏回族自治区銀川において設立した自修（独学）組織である。その中の3名は、当時、「下放知識青年」であった。彼らの中で、最年長が26歳、最年少が21歳であった。

　彼らは、「共産主義自修大学規則」の中に次のように記した。「形式的ではなく真正に、浮つくことなく地に足を着けて、臆病ではなく勇敢に、マルクス主義の歴史的発展を掌握し、政治的な将来展望を有し、独立した思考と活動能力を具え、犠牲の精神に富み、現代社会の運動規律を探索・理解し、世界上の絶対多数の人の利益を図ることを誓い、共産主義事業のために一生涯奮闘する強靱な革命戦士を養成」しなければならない。メンバーは、1カ所に居住していなかったため、「規則」は、さらに、「自修大学」は「刊行物を中心とし、自修と交流・討論を結合させた方式を通じて学習を進める」と記していた。

　この組織は、設立以降、自ら経費を調達して、「学刊」を2期印刷し、その中に、「論説」等を6篇、および農村調査報告を3篇掲載した。

　1970年3月、当時推進されていた「反革命打撃」運動の中で、この組織は、当局から「マルクス主義・毛沢東思想を研究するという旗を掲げ、プロレタリアート独裁の社会主義国家を転覆させることを企図する反革命組織」であり、「組織を有し、綱領を有し、計画を有し、策略を有し、言論を有し、行動を有する現行反革命集団」であり、「帝国主義・修正主義・各国反動派の別働隊」であると認定された。彼らの犯罪の証拠とされたのは、2期の「学刊」に発表された文章と彼らがやりとりした手紙であった。

　この13名の青年の中で、呉述森、魯志立、呉述樟の3名は、「反革命罪」により死刑を言い渡され、直ちに執行された。陳通明は無期懲役に、徐兆平は懲役15年に、張維志は懲役8年に、張紹臣は懲役3年にそれぞれ処せられた。その他の6名は逮捕拘禁され、当該単位において「批判」され、「闘争」にかけられた。その中で、22歳の女性、熊曼宜は、自殺に追い込まれた。

　その8年後の1978年8月、この事案は名誉回復がなされた。1978年8月7日の『寧夏日報』は、「混乱を鎮めて正常に戻し、徹底的に冤罪を晴らす［撥乱反正、徹底昭雪］」という見出しで記事を発表した。1978年9月29日の『人民日報』も、この事案を報道した。実際には、彼らは、共産主義理論に反対しておらず、ただ、当時の政府とは若干異なる観点を提示しただけだったのである。

〈訳注7〉謝惠敏：中国の作家、劉心武の小説『班主任』の登場人物の一人である。彼女は中学3年生で中国共産主義青年団（共青団）の幹部であった。「文化大革命」期に「四人組」が宣伝した一連の思想を盲目的に信仰し、独立して思考する能力を有していなかった。

〈訳注8〉「プロクルステスの寝台」：プロクルステス（Procrustes）とは、ギリシア神話に出てくるアッティカの強盗である。彼は、旅人を無理やり自分の家の鉄のベッドに寝かせ、旅人の身長がベッドの長さよりも長いと、そのはみ出した身体の一部分を切り落とし、旅人の身長がベッドの長さよりも短いと、ハンマーで叩き延ばすか、重しをつけて引き延ばした。やがて、英雄テーセウスに同様の方法で退治される。この故事から派生して、「プロクルステスの寝台」とは、「無理やり自分の基準に一致させる」という意味で使われる。

を得て、人心を勝ちとることである。言論の自由に賛成する人は、このような真理の力量に対して無限の信任を寄せる楽観主義者である。これもまた、古今を通じて、民主主義思想を具える人々の共通の観点である。墨子は、「光が照らすところでは影は消失する［光至景亡］」（「墨経」）と述べている。ジェファーソン（Thomas Jefferson）が起草した「宗教の自由に関するヴァージニア州法（ヴァージニア信教自由法）」は、「真理は偉大である。もし、自然の成り行きに任せれば、それは伝播・展開していくであろう……。真理が任意に誤りと対抗しえた際に、誤りはもはや危険ではなくなるであろう」と述べている。当初、ライン州議会の中で出版の自由に反対する演説者は、次のような論拠を展開していた。悪い出版物には、例えば「万悪が尊ぶ妖女の歌」のようなものがあり、大衆に対して強大な作用を果たしうる。よい出版物に対していえば、「悪い出版物は、絶対に克服できない障害ではないまでも、少なくとも、きわめて克服しがたい障害である」。これに対して、マルクスは、辛辣な風刺を展開した。「よい出版物は無力で、悪い出版物は全能であるとでもいうのだろうか。よい出版物と無力な出版物とは、この演説者にとっては同じものである。とすれば、彼は、よいものは無力なものであり、無力なものはよいものであると主張したいのであろうか」（「第6回ライン州議会の議事」）。その他、周知のとおり、マルクスは名言を残している。「理論は徹底しさえすれば、人を説得することができる」。

　結論はきわめてはっきりしている。もし、我々が真に言論の自由を実行しなければ、マルクス主義の真理に対して批判を許容しなければ、我々は、真のマルクス主義者を養成することはできないのである。

(4)　言論の自由の実行は国家の統一に有利である

　第4に、言論の自由の実行は、国家の統一に有利である。これとは反対に、それを実行しなければ、このような団結・統一に有害である。

　マルクスは、「傾向を追求する法律は、公民の法律の下の平等を取り消すことになる。それゆえ、それは、団結の法律ではなく、団結を破壊する法律なのである」と早くに指摘している。一見したところ、この指摘は、一部の同志の常識とは相反している。人々は、団結と統一を強化するという目的のために、異端邪説を処罰するのではないのか。一部の同志は、これまでずっと、国家の統一は、人民の信奉の一致如何にかかっていると考えてきた。このよう

な観点は不正確である。まず、それは非現実的である。真のマルクス主義者は、過去あるいは現在を問わず、人口の中では、少数にすぎない。社会主義の方向は、大多数の人に擁護されているが、まったく例外がないわけではない。ある国家が、もし、信奉と非信奉を用いて人民と敵を区別することを堅持するのであれば、必ずや自らの依って立つ基礎を縮小してしまうにちがいない。それは、味方に引き入れるべき人を敵に回してしまうこと［為淵駆魚］に他ならない。もし、我々が、不信を悪の首領に列するのであれば、自ずから粛清が必須のものとされなければならない。「文化大革命」の中で、人々は互いに派閥闘争を繰り広げ、ある一つの誤った支配的思想が存在し、異なる観点をもつ人々が平和的に共存することは承認されなかった。異なる政治的見解をもつ人々が法律の基礎の上に共存可能であることを否認することが、必ず分裂と内戦をもたらすということを、歴史は証明している。この点について論じれば、「文化大革命」における派閥闘争は、中世の宗教戦争ときわめて類似しているといえよう。安定という目標の下で、連年の混乱と内戦がもたらされ、統一という目標の下で、日一日とひどくなる分裂と内紛がもたらされた。最後は結局のところ、人民の確固として安定した信奉を促進することもなく、かえって、多数者の一切の教義・信条に対する懐疑、厭気および無関心を造成することとなった。この点は、おそらく、強権的手段をもって思想を統一しようと企図した権力者たちも予測できなかったのではないだろうか。

　団結、それ自体は異なる意見の持ち主との団結でなければならない。統一、もし、これを広範な意義でいえば、信奉における一致を強要することなく、一つの共通の法律に対する服従のみを要求することである。注意すべきは、法を遵守する［守法］異なる政治的見解の持ち主は、社会全体の統一に積極的意義を有している。彼らがもたらす消極的意義に対して、もし、無理やり強権をもって鎮圧すれば、間違いなく得られるものよりも失うものの方が大きいであろう。「ある時の医療は疾病よりもひどい」というベーコン（Francis Bacon）の指摘は的確である。言論の鎮圧は、異なる意見の持ち主の思想を改善することには少しも役に立たず、中間派の人心を勝ちとることにも完全に無益であるということを事実は何度も証明している。自らの陣営内においても、言論を鎮圧するにあたり、いかなる言論を鎮圧の対象とするかについては、異なる意見があり、往々にして論争が繰り広げられる。こうした論争は、

言論の鎮圧が分裂・猜疑を促進するものであり、団結・統一を促進するものではないということを十分に説明している。最もひどいのは、鎮圧者が、自らの隊伍の中の批判意見を鎮めるために、しばしば鎮圧の範囲をさらに拡大せざるをえなくなり、強権の濫用という面において次第にそれがエスカレートし、やめようと思ってもやめられない危険な傾向を形成することである。このように、最初は異なる信奉を鎮圧するという限定的な打撃であっても、しばしばそれは異なる方法や手段を鎮圧するというレベルへと変化するのである。それがもたらす分裂と破壊は、初期における異なる政治的見解の持ち主による批判と比べて、何倍になるか想像もできない。人類社会、とりわけ現代社会は、非常に複雑である。強権に頼りおよそ我々にとって目障りな事物の一切を取り締まろうとすれば、かならずや脱出不可能な泥沼に陥ることとなろう。したがって、言論の自由の実行は、実際には、国家の団結と統一に有利なのであり、言論の自由を実行しないことは、かえって団結と統一に有害となるのである。事物の弁証法とはそうしたものである。

(5) 言論の自由の実行と政権の強化

　第5に、言論の自由の実行と政権の強化について。

　毛沢東同志は、我々は公の反対派は恐れない、陰に隠れた反対派のみを恐れる、と述べたことがある。これは、もちろん、我々が反対派の登場を望んでいるということをいっているのではない。しかし、党の外に党はあり、党の中に派閥がある。これまでずっとそうだったのである。反対派は、客観的に存在するだけでなく、それを否認しようとしても否認できるものではない。とすれば、彼らを地下に追いやるのではなく、むしろ、彼らに舞台に上がってもらう方がよい。

　反対派が公に存在することを許容することには、少なくとも2つの利点がある。1つめは、我々が正面から彼らを批判するのに有利である。2つめは、彼らの反対の中から、我々は自らの誤りを少なくすることを体得することができる。これはいずれも、我々の政権を強固なものにするのに有利である。

　第1の利点は容易にわかることである。すでに上述したことでもあるので、ここで詳論する必要はない。我々が重点的に討論しなければならないのは第2の点である。なぜなら、反対派は、我々に反対するために、彼ら自身の一連の主張を提起する以外に、必ずや、多くの労力と時間を費やして、我々

の業務・活動における欠点や誤りを発見・把握するのに努め、それによって、人心を奪いとろうとするからである。彼らは、一部分の大衆の我々の方針・政策に対する不満を発見・利用し、これを誇張することにとりわけ注意を払うかもしれない。しかしながら、このことは、我々にとって大いに利点があるのである。敵は、常に我々の手薄な部分を選んで攻撃を仕掛けてくる。これは、我々に自らの不足している点に注意を向けさせ、改善の方策をとらせることになる。聡明な人にとっては、彼の友人からよりも、彼の敵対者からの方が時として多くのものを学び得られることがある。もし、我々が、これら悪意を抱く反対意見の持ち主を処罰するのであれば、無意味に一部分の人民の猜疑と恐怖をかきたて、さらには、これら我々に必ずしも利益がないわけではない反面教師をも失わせることになり、それにより、誤りを犯す可能性が増加するかもしれない。

　歴史は、敵意を含む批判を禁止することが必ずや誤りを犯すことになることを少しも例外なく証明している。偉大なるレーニンが、一貫して正確な路線を堅持することができたのは、彼が反対派を取り締まらなかったという英明な措置と切り離すことができない。レーニン以降のプロレタリア階級の指導者は、そのほとんどが、程度の差はあれ、このレーニン主義の原則から離れていった。それにより、多かれ少なかれ皆何らかの誤りを犯したのである。この点について、人々の深慮を喚起しなければならない。

　改革の方針を標榜する政権は、とりわけ言論の自由の十分な実行に注意を払わなければならない。残念なことに、これらの政権はこの一点を忘れてしまいがちである。ある政権は、権力を有効に運用しえた時に、初めて改革を進めることができる。それゆえ、政権は、容易に一切の批判または反対の意見を大敵とみなして、あれやこれやと思案をめぐらしてそれらに様々な抑圧を加えようとするのである。実は、このようにすることこそが、最も有害であることを知らない。イランのパフラヴィー国王の失敗は、その最近の事例である。パフラヴィーは、現代化した経済を建設しようとしたが、このことは、伝統的な慣習勢力の怒りを買うこととなった。また、彼は、非民主的な伝統的な統治方式を採用したが、このことは、多くの新しい思想をもった知識人や青年の怒りをも買うこととなった。彼が真摯に言論の自由を実行しなかったことは、少なくとも3つの分野で災いを招いた。①すでに立案・制定した措置が実際に適合しているかどうかを知るすべがなく、自ら安全に物事

を処理しうる範囲がいったいどの程度のものかを知らなかった。②改革に賛同する人々の積極性を結集することができなかった。③下から来る独立の世論が存在せず、各級官吏たちの腐敗や怠慢を真に有効に牽制し正すことができなかった。それゆえに、最終的には両方面から攻撃を受け、全面的な失敗に至ったのである。

　古人はいう。「民衆の口をふさぐのは、川をふさぐよりも危険である。川がふさがって決壊すれば、必ずや多くの人を死傷させるであろう。民衆の場合も、またそれと同じである。それゆえ、川を治める者は、川のつかえたところを通して、水を下方に導いてやらなければならない。民衆を治める者も、民衆に自由に発言させなければならない［防民之口、甚于防川。川壅則潰、傷人必多。民亦如之。是故為川者決之使導、為民者宣之使言］」（『国語・周語上』）。そのとおりである。言論の自由は、一切の不満感情の排水剤であり、動乱を予防する放水路なのである。人民、とりわけ中国人は、決して生まれつきに騒動を起こすことを望んではいない。彼らの痛みに誰も関与してくれず、自己の要求が誰にも相手にされず、さらには、彼らが自ら訴えた意思・願望［意願］がすべて抑圧され、それにより、自己の最も基本的な利益を擁護するために用いることのできる正常な手段が完全になくなった時に、初めて騒動を起こす可能性があるのである。国家が人民に自由に自己の意見すべてを発表することを許容し、これら問題を除去する意思を有していることを表明することは、正常な方式を通じて問題を解決するにあたって、その前提を提供する。このことは、一部分の人々の離心離徳の感情を除去するかまたはそれを最大限希釈し、彼らの信任を勝ちとることにつながるであろう。その結果、自然と情勢は緩和され、動乱はその基礎を失っていくであろう。

　人民が情理にかない道理をわきまえていることは、国家が安定し進歩する基本的前提である。そして、人民が情理にかない道理をわきまえているようにするためには、できる限り情理を説き道理を説くような政治条件を作り出すことが必要である。決して、言論の自由の実行が秩序を破壊するかもしれないと考えてはならない。ちょうどそれとは正反対に、言論の自由を重要視する者は、必ず秩序も重要視するのである。なぜなら、安定した秩序は実際には言論の自由の前提であるからである。言論の自由の実行が秩序を破壊するものではない以上、どうして、我々は、秩序の強化を名目に言論の自由を制限しそれを取り消そうとするのだろうか。確かに、言論の自由の実行は、

一部分の現状に不満を抱く人が社会を改変しようとする要求（このような要求は、革命的で正確であるかもしれないし、反動的で誤りであるかもしれない）を強化することになるかもしれない。しかしながら、言論の自由等の民主的方式が存在することにより、彼らの中の大部分は、必ずや現行の秩序を尊重するという前提の下で、このような改革を進めようとするであろう。たとえ、社会がこのような改革の要求を拒絶したとしても、彼らは、それは、大多数の人がいまだなお彼らの主張の正確性を十分に認識していないからだと考え、さらに、言論の自由を通じて、自らの観点を詳述しようとし、秩序を破壊する暴力行為に従事することはないであろう。逆に、言論の自由を実行しなければ、現状に不満を抱く一切の人（その中には悪人もいるかもしれないし、善人もいるかもしれない）は、乱れた秩序全体を打破しない限り、自分たちの要求は永遠に実現の日をみることはない、と判断するであろう。それにより、動乱の種子が地中に深く埋め込まれることになる。それこそが、真に危険なことなのである。

　しかしながら、もし、政権の強化についてのみ論じるのであれば、我々は、逆に言論を罪に問うこと［因言治罪］の実行にもその役割があるということを否定しない。政治的戦略は軍事的戦略と同様に、それが勝利する近道は分割して支配することである。ある政権は、公の反対派と陰の反対派の両者の間では、むしろ前者を選択する。前者の方が後者よりもその危険性が小さいからである。ただし、もし、反対派を一つの勢力として根本的に存在させないということが可能であれば、それは、その政権にとってより望ましい。ある思想傾向を具える人々を結集し、政治上の勢力を形成するためには、まず、互いに情報を交流すること——その中で最も基本的な方式は言語文字である——に依拠する必要があるということを、我々は知っている。それゆえ、反対意見を公に発表することを許容することは、必ずしも反対意見の持ち主の数を増加させるとは限らない。しかしながら、それは、言語上の共鳴により彼らを結集して精神上の団結を形成し、それにより、はっきりとわかる現実的な力量を形成することができる。異なる政治的見解の持ち主一人一人は、このような精神上の一致の中で、自らが独りぼっちで寂しくなどないことを体感し、そこから自信と力感を得るのである。これとは逆に、一切の反対意見の公開発表を禁止し、すべての人々に当局の観点と自らの観点とを重複させるよう強要することは、たとえ、権力者（当局者）にとって、多少なりとも

新しい誠実な信徒を獲得し、内心において異議をもつ者の数を減少させることができなくても、確実に、反対意見の持ち主たちの間に相互のわだかまり・不信を醸成し、彼らを精神上の孤立状態におくことができる。このことは、人々の相互不信、孤独、臆病および恐怖の心理を助長し、権力者（当局者）への降伏を促し、それにより、根本的に政治勢力の形成を不可能にさせるのである。

　上述した効果が相当強烈なものであることは否認できない。歴史上、人心をすっかり喪失した政権が、なお一時的に存在しえたのは、なお虚偽の強大さを表現できたのは、すべてこのような効果によるものである。「四人組」〈訳注9〉の10年の暴政を受忍した後、中国人民はこの点について身にしみている。しかしながら、振り返ってみれば、このような言論を罪に問う［因言治罪］というやり方は、かつて一度も多数の人によって認可され推進されたことはないのではないだろうか。当時の人々の動機は、プロレタリアート独裁［専政］のさらなる強化ではなかったのだろうか。ここには、きわめて深刻な教訓が含まれている。その中の第一条は、絶対に政権の強化という一事の追求を極限にまで推し進めてはならないということである。いかなる政権であっても、たとえ、大多数の人民が心から擁護する政権であっても、そうしてはならない。政権の絶対的強化を追求することは、不可避的に絶対的権力を造成する。そして、絶対的権力は必然的に腐敗し変質する。それは、必ずや血生臭い独裁を必要とし、人民の利益の対立物へと変化することになる。

　上で引用した教訓について、我々は、さらに詳細な論証を進める必要がある。問題は、政権の強化を目的とみなしてはならないという点にある。ちょうど、革命そのものを目的とみなしてはならないのと同じである。もし、政権の強化のために人民の自由・幸福を犠牲にするのであれば、このような強化はいかなる合理性を具えるのだろうか。言論の鎮圧は、まさに我々が上で分析したように、少なくとも停滞をもたらしうる。それゆえ、我々は、政権の強化を口実にして、言論を罪に問うこと［因言治罪］を推進してはならないのである。

　政権は、人民の願望に符合した時に、初めてその存在理由を有する。このことは、必然的に、最低限、人民がこの政権に対する真実の態度を気兼ねな

〈訳注9〉「四人組」：本書13頁訳注3参照。

く表示できることを要求する。換言すれば、この政権は、人々が政権に反対する意見を発表することを決して禁じてはならない。一切の反対意見を禁止する権力を有する政権は、永遠に「人民」による擁護を保証されうる。なぜなら、政権は、自己に反対する一切のものを「人民」の外に排除するからである。考えてみてほしい。もし、ある政権が人民に忠誠を尽くすことを宣言したとして、結局のところ、誰が「人民」とみなされ、誰が「人民」とみなされないのか。それは、この政権が自ら確定しなければならないのである。そして、政権は、その人が自らを擁護するか否かをその基準とする。これは、赤裸々な循環論法ではないのだろうか。もし、このような論理が成立しうるのであれば、世界には、「人民」の擁護を受けない政権など存在しなくなってしまう。

　ここからわかるように、政権は、十分に言論の自由を実行するという前提の下で、多数者の支持を獲得して、初めて自身を強化することの正当性を証明できるのである。このことはまた、我々が、政権を強化する際に、どうあっても、反対意見の自由な発表を禁止するという立場をとってはならないことをも要求している。ひとたび、これをすれば、我々は、この政権を強化する最後の根拠を失ってしまうことになる。

　上述した点を意識すれば、我々は、革命の中で誕生した人民の利益を代表する政権が、どうして、しばしば専制主義者が思いどおりに操ることのできる道具へと変容してしまったのかを容易に理解することができる。このような現象は、おそらく近代史上最も深刻な悲劇の一つであろう。我々は、ここで、この問題の一切の点を詳細に論証するつもりはない。我々は、以下の一点のみを指摘したい。それは、少なくとも、このような悲劇をもたらす基本的原因の一つとみなすことができる。すなわち、人民は、当初その政権を擁護し強化する際に、それを過度にやりすぎることで、言論上政権を批判しそれに反対する権利が自らに留保されていることさえ忘れてしまうということである。本来、この政権は人民の意思・願望［意願］を確実に代表し、大多数の人民の擁護を確実に勝ちとっている。このような状況の下で、人々は、容易にこの政権が有するべき権力を無限のものとみなしてしまうのである。彼らは、この政権を自分たちの利益の代表とみなしているだけでなく、理の当然として、この政権に反対することは人民に反対することであり、この政権の権力を強化することは人民の権力を強化することである、と考えている。この時、彼らは、一つの致命的な誤りを犯してしまっている。すなわち、彼ら

は、言論と行動との限界を抹殺してしまっているのである。彼らの考え方は、敵が反革命活動を行い破壊を始めることを待つよりも、彼らが反動言論を有している時にそれを掃滅した方がよいというものにすぎない。このようにして、彼らは、この政権に神または半神の性質を付与しているのである。同時に、人々は、一個人としての意志は、人民全体の意志と区別されるものであり、個人の意志は人民の意志に服従しなければならない、とも感じている。そして、後者は政権により体現されるものである。そうである以上、そのことは、個人がこの政権に反対する権利を有さないことを意味している。ここにおいて、彼らは、再度、言論と行動との限界を抹殺するという誤りを犯してしまっている。行動において決議に服従するという義務を履行した際に、意外にも、自らの意見を明示し堅持するという権利をも放棄してしまっているのである。このような論理の結果は、政権が人民の意志の人格負担者となり、真に人民を構成する無数の個々人がとるに足らないどうでもよいものになってしまうというものである。全体の意志［共性］が唯一の存在となり、個人の意志［個性］は不真実のものとなる。換言すれば、政権は人民となるが、それ自体が人民へと変貌するわけではない。人民の中のある個人の意見が、政権の意見と合致しない場合、その政権は、彼は人民ではないと宣告することができるのである。「人民神聖」の場所において、人民は有罪判決を受けうる。その罪名は人民が人民に反対するというものである。

　まさにこのような論理に基づけば、初期において人民の利益を代表していた政権が、もし、無限に自己を強化しようとして、言論上の反対さえすべて禁止しようとするのであれば、それが自ら反動的な方向へと向かうのは、必然の趨勢なのである。このようないかなる牽制も受けない無限の権力は、必然的に権力掌握者についてきわめて深刻な腐敗をもたらす。ほとんどの権力掌握者が誤りを犯すことは避けられず、しかもそれは犯せば犯すほど深刻なものとなる。同時に、このような無限の権力は、すべての野心家にとって、巨大な誘惑である。それは、彼らの権力欲を助長させうるだけでなく、それら権力欲に目がくらんだ輩に冒険の機会を提供する。さらに、このような論理に基づけば、人民は政権に対して擁護することができるだけで反対することはできない。当初、彼らは確かに政権を誠実に擁護している。そして、このような大多数の人の誠実な擁護に依拠することで、初めてその政権は次第に無限の権力を得ていく。ところが、人民の中のすべての個人は、政権を人民の

化身とみなし、権力者（当局者）の意見を人民の意見の完全な体現であるとみなすことにより、個人自らはこの「人民の意志」と異なる見解をもってはならないと考えるのである。このことは、彼らが、自らの意見が政権の意見と合致しない場合にも、なお政権の意見に賛同する態度をとるという状況を導き出す。これは、実際上、公民の最も基本的な責任を放棄することである。多くの同志は、公開の発言の際に、いつも指導者の意見に賛同する。しかし、内心では、ひそかに別の異なる見解を抱いているのである。ある人は奇妙に思うだろう。どうして、これらの同志は、二重人格による良心の不安を感じないのだろうか、と。その原因の一つは、これらの同志が、自己の真の観点を個人を代表するにすぎない未成熟な見解であるとみなし、指導者の意見を習慣的に人民または大多数の人を代表する「総意志」とみなしていることである。それゆえ、慎重に事を運ばなければならない場合において、彼らは、指導者の観点と重複することで何とか「立場の正確性」を確保したと考えるのである。きわめて個別的な状況下である場合を除いて、彼らは根本的に自らの真の観点を公に世に問おうとはしない。あたかも、彼ら個人の観点を犠牲にすることが、彼ら個人のちょっとした財物を犠牲にすることと同じであるかのようである。そのことは、恥辱ではないばかりか、まるで、一つの光栄であり、大局・全体の利益を尊重した責任ある精神の表現であるかのようである。実は、彼らは、もし、各個人が率直に自己の意見を発表しなければ、そのような大多数の人の意見を体現する「総意志」も発生しようがないということをわかっていない。まさに、それぞれの分力がなければ合力も存在しえないのと同じである。一人の公民が、自ら正確であると考える観点を発表する責任を放棄することは、実際には、公民の最も基本的な義務を放棄することであり、また、公民の最も基本的権利を放棄することでもあるのである。もし、我々が、自らの観点を明らかにするということを堅持しないだけでなく、さらにその上、ひたすらに、政権による一切の異端言論に対する鎮圧を支持するのであれば（この両者は論理上の必然的関係を有する。およそ自らが個人の見解を公に発表すべきでないと考える人は、一切の異議の持ち主に対する鎮圧に必然的に賛同する）、それは、一方において、政権が人民から遊離することを促すことになり、他方において、自らが自らに恐怖を作り出すことにもなる。この斜面に沿って下っていけば、人民の政権は、人民と対立し人民に反対する政権へと変容し、野心家たちが権力をかすめとることも避けられ

ない趨勢となろう。当初人民の利益を代表していた政権は、専制主義者の掌中の道具へと変化してしまうであろう。

　ここで、我々は、異なる政治的見解を鎮圧するやり方は、決して必要ではないということを指摘しなければならない。なぜなら、このような行動は、一般的には、革命政権が真に脅威にさらされた際に実行されるものではないからである。ちょうどそれとは逆に、この政権がすでに相当強固になった際に、初めて政権は大規模な粛清をなしうるのであり、それは混乱を招いたり失敗に終わるような結果にはならない。ある人は、スターリンが1930年代に行った「粛反（反革命分子に対する大粛清）」は必要であった、それをしなければ、ソビエト政権は崩壊していたかもしれない、という。これらの人々は忘れている。レーニンが存命していた1917年から1924年において、ソビエト政権が直面していた内外の脅威は間違いなく1930年代に比べてはるかに深刻なものであった。レーニンは「粛清」を行わなかったが、ソビエト政権はそれでも困難な状況を乗り越えた。いわゆる「必要論」になおいかなる根拠があるといえるのだろうか。

　歴史は証明している。ある革命政権は、真に巨大な脅威に直面した際に、信奉やイデオロギーを超越して統一戦線を発展させなければならない、ということを本能的に意識する。そのため、そうした状況下において、その政権は言論を罪に問う［因言治罪］ようなことは実施しないのである。この政権が、自らがすでに強固になったと確信するに至り、その中の一部の派閥または個人が、自らの一派一個人の権力を強化しようと考えるに至って、初めて異なる政治的見解を大敵とみなすのである。しかしながら、「言論罪」、「文字獄」を大々的に実施する場合に、政権は偽りの緊張した雰囲気をも醸成しなければならない。それにより、善良な人々に、政権が実行した粛清が必要なものであり余儀なくされたものであることを信じさせるのである。一切の異なる政治的見解が、たとえ、方法や手段の上での分岐にすぎないものであっても、少しの容赦もなく鎮圧しなければならない。さもなければ、事業は失敗に終わり、国家は滅亡するかもしれない、と。このような異なる意見の鎮圧が「必要である」と考える一連の観点は、もともと事実に符合しないものなのである。

　ある革命政権が、強敵に直面した際に、相当広範な統一戦線を組織・実行できるのであれば、それがより大きな権力を掌握した際、どうしてこの統一

戦線を縮小する必要があるのだろうか。政権と人民は、結局のところ別のものなのである。ある適当な範囲において、政権を強化することは人民を保護するためである。しかし、もし、この範囲を超えて、無限に政権を強化すれば、政権を下からの監督から離脱させ、それにより、反対に人民に危害が及ぶかもしれない。承認しておくべきことは、この範囲の限界（境界）を確定することは容易ならざることであり、さらに、この限界（境界）は永久不変ではないということである。しかし、我々が提起した言論の自由は、断固として肯定されなければならない。どんなことがあっても、自由に批判する権利を否定してはならない。なぜなら、それは、人民の権利の一つであり、また、最も基本的かつ保証されるべき権利であるからである。ある政権が、もし、批判・反対意見の発表を禁止するのであれば、その政権には、自己を弁護するいかなる理由も存在しなくなるのである。

　「靴のどの場所が痛むかは、その靴を履いている者にしかわからない」ということわざがある。ある政権が人民の利益を代表しているか否か、その最良の判断者は人民自身なのである。人民が政権に反対できないのではなく、政権が人民に反対できないのである。いわゆる「人民」は一人の個々人の外に存在するものではない。人民の意志は合力に他ならない。人民の意見には常に分岐がある。もしかすると、ある一部の人の意見は全体としての人民の利益を体現しているかもしれないし、別の一部の人の意見は全体の利益に完全に違背しているかもしれない。しかし、この後者の意見も、なお人民の意見に属しているのである。なぜなら、それは、本来一部分の人民の意見であるからである。たとえ、唯一人の意見であってもである。あなたは、このような意見は人民の意見を代表していない、というかもしれない。また、大多数の意見を代表していない、というかもしれない。しかし、決してそれがために、このような意見もまた人民から来ているという最も簡単な事実を承認しないわけにはいかないのである。

　指摘すべきことは、個人が自己の独立した見解を発表する権利は譲渡できないということである。一個人は、彼以外のすべての人により擁護されている政権を批判する権利を有している。その政権は、彼のこの一点に基づいて、彼を罪に問う権力を有していない。事実上、各公民が、自己の意見が絶対的少数におかれた時においても処罰を受けないということを確保して、初めて、人民は真にいいたいことを思う存分にいうことができるのである。皆が

少しも気兼ねすることなく政権に対する態度を表明した時に、初めて、我々は、この政権が多数者の擁護を受けているか否かを真に判断することができるのである。この一点を明確にした上で、我々は少しの誇張もなく次のように述べることができる。ある政権が言論の自由を実行しているかどうかが、この政権が民主を実行しているかどうかを衡量する最低限の基準であり、また、この政権が自信をもっているかどうかを判断する最低限の基準でもある、と。人々は、およそ人の集まるところには、左派・中間派・右派が存在することを知っている。そうである以上、ある政権が、どんなに英明正確であっても、一切の問題について、すべての人の一致した賛同を得ることは不可能である。したがって、批判・反対意見の存在は、まったく自然なことなのであり、公の批判・反対意見が存在しないことは、かえって最も不自然なことなのである。至るところで批判・攻撃を受けている政権は、もちろん、必ずしもよい政権であるとはいえない。しかし、少しの反対意見も聞こえてこないところの政権は、おそらくより怪しいものといえるのではないだろうか。

　権威と自治とは相対的なものである。およそ権威が必要とされるところでは、必然的にこのような権威に対する制約が必要とされ、およそ権威を集中させ強制することが必要とされるところでは、必然的にこれに対応する牽制と均衡が必要とされる。言論は、個人の意思・願望［意願］を表現する最低限の方式である。言論の自由を排斥する政権は、すなわち最も徹底した絶対権力であり、正真正銘の無限権力である。このような権力に対しては、人民は、それの初期段階におけるいまだ深刻でない誤りを是正する力を有していないだけでなく（この無限権力が自らその是正を望む場合を除く）、それの拡張を阻止する力をも有していない（もし、それが継続的に拡張した場合の話である）。このような無限権力は、人民の力を通じて正常な手続をもって自己調節する一切の可能性を排除する。人々は、政権が国家をいかなる方向へ導くのかをただ座視するだけである。歴史上、数多くの悲惨な先例が存在し、それらは、反対を許さない政権を擁護することがどれほど危険であるかということを証明している。歴史は、我々が政権を擁護する際に、自由に批判する権利が留保されていることを決して忘れてはならないと戒めている。不幸なことは、後の世代の人は、しばしば先人の経験を軽視し、しばしば盲目的かつ誇大な自信をもち、自らにはもはや先人の様々な局限性は存在しないと考えることである。彼らは、「新大陸」を発見したと考えているが、その結果は

往々にして旧来の陥穽に陥っているというものである。レーニンは、早い時期において、「プロレタリア階級は、政権を奪取したことにより、聖人へと変化するわけではない」と我々に訓戒を与えている。マルクス・エンゲルスは、早い時期において、いかなる国家政権も、人民の監督・制御から離脱し、人民の公僕から人民の主人へと変化する趨勢を具えている、と指摘している。残念なことに、この一切を我々の同志はきれいさっぱりと忘れてしまっている。彼らは、常に「我々はプロレタリア階級であり、我々は社会主義国家である」という。まるで、プロレタリア階級は誤りを犯すことのない聖人であり、社会主義国家はもはや国家ではないかのようである。それゆえに、歴史的教訓は、すべて我々に往々にして適用されず、「権力の均衡」、「言論の自由」といった原則は、我々にとって何ら意義をもたないかのようである。歴史を断ち切ろうとする人たちは、往々にして歴史を超えて自らが正しいと考えている。実際には、歴史の下で、歴史的教訓を忘れた人は、必ずや歴史の懲罰を受けるのである。この点についていえば、歴史は不公平であると誰がいえるだろうか。

⑹　言論の自由の実行は全面的比較の結論である

　上述した5つの分野を総括すれば、我々は、言論の自由の実行の種々の利点をはっきりとみてとることができる。さらに提起すべきことは、言論の自由の原則が、事物の消極的分野について規定しているということである。言論の自由の原則は、各種意見がすべて発表できるということを肯定したものにすぎない。言者無罪もまたしかりであり、それは、発言者を罪に問うこと［言者辦罪］をしてはならないということを規定したものにすぎない。意見の発表を許容するということは、この意見に対して批判を許さないということを決して意味しない。反動的観点をもつ人を罪に問わないということは、道徳的力や世論の力を用いてこれに反撃できないということを決して意味しない。さらにいえば、反動思想が不法行為に転化した際に、我々は制止しないということではない。まさに毛沢東同志が述べたように、君子は口を使って手は出さない（人格者は暴力に訴えず話し合いで解決する）が、卑しい人は手を出し、我々も手を出す、のである（「做革命的促進派」）。それゆえ、およそ反動言論の発表によりもたらされる不良作用については、我々は、刑罰以外の多種多様な手段を通じて、有効にそれを除去することが可能である。こ

こから、我々は、第6の分野を導き出すことになる。ある政策が完全無欠であることはない。すべての原則は、いくつかの弊害をもたらす可能性がある。しかし、どの原則がもたらす弊害が比較的容易に是正できるであろうか。比較的容易にその他の措置で補完することができるであろうか。言論の自由の実行は、利点が弊害に勝っている。このことはきわめて明白である。事実上、その唯一の弊害は、反動思潮を公に出現させるかもしれないことである。しかしながら、この弊害に対しては、我々は、刑罰以外の手段を通じて、有効に除去することができ、しかも、それにより、弊害を利点に転換させることもできる。したがって、言論の自由の実行は、可能でありかつきわめて望ましいことなのである。逆に、言論を罪に問うこと［因言治罪］の実行は、最もよい状況下においても、その利点のすべては、毒草の公開出現を制御することにすぎない。しかし、それは同時に、香花をも傷つけてしまい、智能の衰退をもたらしてしまうにちがいない。たとえ、指導者が英明無比であるという前提の下においても、言論を罪に問うこと［因言治罪］という鋭利な両刃の剣は、必ずやより多く自己を傷つけることになるであろう。さらに、それは、自らに反面転化する危険性をも内包しており、それには、野心家に利用され人民を鎮圧する可能性も存在している。これらは、すべて最も明白な弊害であり、それがもたらすであろう利点をはるかに超越している。とりわけ深刻なことは、ひとたび、これらの弊害が発生すれば、人々は自らを救済しうる別の方法をまったく持ち合わせていないということである。言論の自由を実行しないことは、正常な手段を用いて社会を調節する最後の方途を閉ざしてしまうということであり、それにより、社会の進歩を追求するすべての人々を否応なしに無謀な挙動へと追い詰めてしまう。暴力が矛盾を解決する唯一の手段となってしまう。このように、言論の自由を実行しないことはきわめて有害なことなのである。

　この第6の分野の比較は、きわめて大きな説得力を具えているかもしれない。我々は、過度に誇張して言論の自由にはまったく弊害がないといっているわけではないし、言論を罪に問うこと［因言治罪］が何もかもすべて間違っていると揚言しているわけでもない。世界上において、そのような極端な事情は存在しない。我々の観点に同意しない人が、さらに、言論の自由の弊害を指摘し、言論を罪に問うこと［因言治罪］の長所を証明することは可能かもしれない。しかし、それらは、我々の基本的観点を動揺させるには不十分

である。少なくとも、彼らは、同時に以下の2点をなしえなければならない。①全面的に両者の優劣・利害を比較検討すること。②発生しうる弊害を是正する有効な補充措置を探し出すこと。我々は、論敵たちがより多くの理由を列挙しうることを期待しているが、おそらく彼らはそれをなしえないだろうと心配するものである。

21. 言論を罪に問うことを実行する場合の深刻な効果

　最後に、我々は、言論を罪に問うこと[因言治罪]の一つの、あるいはもしかすると最も深刻な効果——それの人民の心理、民族の性格に対する強烈な影響——について、さらに強調しなければならない。100年あまり前に、マルクスは、プロイセン政府の出版検閲制度に対して強力な批判を提起している。「退廃的な作用を及ぼすのは、検閲下の出版である。最大の罪悪——偽善——は、検閲下の出版と切り離すことができない。この根本的な悪徳から、美徳の素質さえもたない、この出版のその他一切の欠陥（美学的にみてさえいとわしい）——消極性——が派生してくる。政府には自らの声しか聞こえてこず、政府自身も聞こえてくるのが自らの声にすぎないことを承知している。しかし、政府は、聞こえてくるのは人民の声であると自らを欺き、人民にこのような自己欺瞞を擁護するよう要求する。人民は人民で、ある時は政治的迷信に、またある時は政治的不信に陥り、あるいは、国家生活にまったく背を向けて、私的生活の愚民となってしまう」（「第6回ライン州議会の議事」）と彼はいう。この数年の現実と対比させれば、不幸なことに、この話は、まるで我々自身の状況に対する一種の予言ではないだろうか。

　長きにわたって極左思潮の支配下にあった中国では、言論の自由は存在しなかった。嘘をつくことが、まるで巨大な伝染病のように、億万人の純潔正直な心を奪い去ってしまった。一切の公の場において、我々は心の奥底からの言葉を聞くことはなかった。嘘をつくことは、もはや内心の不安をかきたてることもなく、他人の非難を招くこともなかった。人々は、もはや嘘をつくことを恥ずかしいともおかしいとも感じなくなった。労働者たちも、率直に自分の意見を述べようとしないため、もはや自らに誇りを感じることがなくなった。農民たちも、嘘をつくという技巧に慣れてしまったため、もはや淳厚質朴ではなくなった。剛直な性格の豪傑・志士たちは、英雄の気概を消耗してしまった。智恵がまだつきかけの児童は、表の言動と裏の言動の二面

性を理解するようになってしまった。嘘をつくことは、風習となっただけでなく、まるである人の第二天性となってしまった。人々は懐疑を禁じえない。言語は、思想を表現するためのものなのか、それとも内心をごまかすためのものなのか。感情を交流するためのものなのか、それとも相手方を欺くためのものなのか。精神を拡大・発展させるためのものなのか、それとも魂を歪曲するためのものなのか。言語は、人類の精神の自己肯定にあたっての最も基本的な形式なのである。人が、もし、終生自己の見解を公に発表することがなければ、彼は一生涯、人として生活してこなかったことになる。一つの民族として、あのように長い時間の中で、自らの真の声を発することができなかったということは、この上ない恥辱ではないだろうか。このような恥辱の経歴は、民族の心理にきわめて深い傷痕を刻み込んでいるのではないだろうか。魯迅が、もし今日生きていれば、必ずや阿Qの身の上に嘘をつくことの劣悪な根性を添えていたにちがいない。この一点に限っていえば、著名な「精神的勝利法」をもその「輝き」を喪失させるに十分である〈訳注10〉。言論の自由はあたかも空気のようなもので、それを失った時に、初めて一般の人は、その存在価値を感じるのである。言論の不自由がもたらす損害もまた窒息と同じようなもので、目をさすような傷口はみえない。中国人民は、十分に言論の不自由の苦しみ、その損失の大きさ、その後遺症の深さを体感してきた。それは全世界でもまれにみるものである。今日、我々は、きわめて大きな気力を費やして、初めてこの精神的な足かせ（束縛）から徹底的に抜け出すことができる。言論の自由こそが、我々が切実に実現すべき基本的任務なのである。徹底的に言論の自由を実行して、初めて明朗正直な民族的心理を再び確立することができる。健康的な精神状態がなければ、「４つの現代化」〈訳注11〉を実現することも不可能である。

> 〈訳注10〉「精神的勝利法」：魯迅が『阿Q正伝』の中で風刺した民衆の処世術。農民の家に生まれた阿Qは、職もなく、金もなく、女性にも縁がなく、字も読めず、容姿も性格も最低であった。ところが、彼は、どんなに人から詰られようが、けんかで負けようが、結果を自分の都合のいいように解釈し、心の中で自分の勝利としていた。この「ごまかし」の手法が「精神的勝利法」である。本論文の中で、胡平氏は、「嘘をつく」ことは「ごまかし」よりもさらにたちが悪いと述べているのである。
>
> 〈訳注11〉「４つの現代化」：工業、農業、国防、科学技術の４分野の現代化を指す。原語は「四個現代化」であり、日本語では「４つの近代化」とも訳される。最初にこれを提起したのは、周恩来であったが、「文化大革命」の混乱の中、これが具体的に実施に移されることはなかった。「文化大革命」の終結以降、「４つの現代化」は、鄧小平によって、再び国家の最重要課題として位置づけられ、この路線が今日に至るまで基本的に継続している。

消極性について、人々はより深く感じるものがある。言論の抑圧は精神の抑圧であり、精神の抑圧の直接的効果がすなわち消極性である。ここでは、我々は、完全に意気消沈した人々についてはさしあたり論及しないことにする。我々が問いたいのは、それら消極的現象に対して、強い嫌悪・拒絶の感情をもつ人々が自らどれほどの積極性を発揮してきたのか、という点である。タキトゥス（Cornelius Tacitus）は、「打ちひしがれて意気消沈した現象は一種の神秘的な魅力を含んでいる。それゆえ、我々は、当初沈滞しきっている状態を憎悪するのだが、月日がたつうちに、それが名残惜しく感じて離れたくなくなってくるのである」（『ゲルマニア・アグリコラ』）と述べている。このような弛緩・受動的な雰囲気は、まるで巨大な冷却設備のように、無言ではあるが強力に人々の情熱を冷ましていく。さらに、それは、伝染病のような拡散能力も具えている。包み隠さずにいえば、今日の中国人の効率の低さは、実際に驚異的なものである。この精神的状態を改変することなしに、どうして先進国を追いかけることができるだろうか。注意すべきことは、このような消極性は、何よりもまず、精神が抑圧を受けた結果であることである。さらなる思想の解放によって、言論の自由の真の実行は初めてその治癒が望めるものとなる。しかしながら、我々の同志の一部はそのように考えてはいない。一方において、彼らは、人民に国家の大事について発表・議論しないよう要求する。人民は、将棋の駒のようにただ静かに上層部の指示に服従しなければならず、具体的問題の内容を問わず黙々と我慢しなければならない。彼らは、人々、とりわけ若い世代が精神上の解放を渇望していることについては、それを正しいとは思わない。他方において、彼らは、人々が、生産等に専心するにあたり、最大限の能動性と積極性を発揮するよう要求する。明らかに、これは、一方で馬に走れと要求し他方で馬に草を食べるなと要求するに等しい。人は有機的な総体である。いいたいことを思う存分にいうことができて、初めて気持ちがのびのびとするのである。精神上抑圧を感じている人が、どうして、生産または技術研鑽の場において、意気盛んなところを表現することができるだろうか。次の一点を認識してほしい。精神的自由は、真理を生み出すことができるだけでなく、情熱を生み出すこともできる。精神が比較的自由なところにおいて、初めて人々はより激しい情熱とより高い効率を表現することができるのである。偉大なる情熱がなければ、いかなる偉大なる事業の完成もまた不可能である。

言論の自由を実行せずに、「善良な」愚民政策を推し進めることは、人民の一時的な迷信を獲得することができるかもしれないが、必ずや最終的には徹底した不信を招く。十数年前の盲目的信奉と今日の「俗世間に嫌気がさしていること［看破紅塵］」、当初の人々の普遍的な献身精神と今日の人々の私生活しか顧みない深刻な傾向、これらは、なんと尖鋭な対照を形成していることか。ある人は、現在の「人心純朴ならず［人心不古］」のせいにして、かつての言論統制を再度強化すれば、思想処罰のやり方は奇功を奏するはずであると考える。しかしながら、彼らは、現在の様々な現象［表現］は、まさに過去にこのようなやり方を採用した自然な結果であるということをわかっていない。実践は、言論統制の政策がいかに将来への展望を欠如させ、勇敢なる精神を欠如させるかということをすでに証明している。このような政策は、すでに失敗し、しかるべき懲罰を受けているのである。歴史は、我々がより大胆な開放の方針をとるべきことを要求している。世界文明の発展の主流の外に遊離してしまっては、いかなる活路も見出せないのである。

22. 言論を罪に問うことと進歩

　イギリスがまだ「日の沈まない帝国」に位置し繁栄をきわめていた時期に、イギリス人は、（植民地の）インドを失ったとしても、シェークスピア（William Shakespeare）は失いたくない、と述べたことがある。我々は、この言葉について全面的な評価を加えるつもりはない。我々は、次のような事実を言及するにとどめたい。一つの民族、一つの国家は、それが数多くの天才人物を生み出し育んで、人類に異彩を放った時に、初めて光栄と、偉大と呼ぶにふさわしい。ダーウィンの生存競争を社会領域に応用するのは、もちろん誤りであるが、そのことは、人類社会に激烈な競争が存在しないことを意味しない。落後すれば、必ず殴打され、必ず淘汰される。これが客観的規律なのである。思想専制の暴威の下で、すばらしい人材が厄難に遭ったきたことこそが、我が民族の最大の損失だったのではないだろうか。我が民族は、ほとんど狂気じみた意気で、自らが育んできた優秀な子女を扼殺し、自らの土地の上に咲いた鮮花を踏みにじってきた。人類歴史上において、かつてこんな民族は存在したであろうか。ここにも、生存競争は存在している。ただし、生存競争は、本来、進化であり優勝劣敗であるが、ここでは、逆に、退化であり優敗劣勝であるにすぎない。加えて、この一切の罪悪は、人民の手を借り

て革命の名を盗用してなされるため、格別徹底的でありかつ冷酷である。この悲劇の全過程を回顧すれば、我々は、当初大多数の人が言論を罪に問うこと［因言治罪］の誤りを受け入れてしまったことが、実際にはこのような連鎖反応を引き起こした最大の誤りであったということを強く感じずにはいられない。

23. 自由はいかにして破壊されるのか

いかなる事物も破壊され、それは周縁から始まる。これが規律である。

歴史は何度も証明している。言論の鎮圧は、すべて、当時の大多数の人が心から反動であると考えた言論を、まずその攻撃の対象として選択する。このように、大多数の人は、反動言論の剥奪の違法性を意識していないだけでなく、逆に、このような剥奪の実施を支持し、それに自発的に参加しているのである。大多数の人が権力者の道具となって自発的に反動言論の剥奪に参加しなければ、このような剥奪は本来実施不可能である。しかし、ひとたび、人民がこの不法な剥奪に参加すれば、それは、言論の自由の原則に亀裂が生じてしまうことを意味する。この後、この剥奪は日一日と悪化するであろう。人々は、不法な刑罰を他人に科するだけでなく、自らを法律の保証を失った悲しい境地におくことになるであろう。他人の言論に対する鎮圧に参加すればするほど、ますます自らがいいたいことを思う存分にいう権利を喪失し、いいたいことを思う存分にいう権利を喪失すればするほど、他人がこのような権利を用いることへの迫害に参加することを強いられることになる。このような悪性循環の結果は、ねじ釘はしめればしめるほどきつくなり、泥沼ははまればはまるほど深くなるというものである。最終的には、大権の簒奪を企図する詐欺師たちに随意にこき使われることになろう。1976年の清明節の前後のおいて、全国各地で開催された「天安門反革命事件に憤怒しこれを糾弾する」といった集会は、このような下り坂を加速度的に底まで転がり落ちたことの最も典型的な例証である。このような億万人民の自らを欺くような集会は、おそらくこれまでの歴史上においてもごくまれのことではないだろうか。自らの民族的精華を傷つけ、自らの国家の活力を傷つけるという痛ましい教訓は、まさか、我々に言論を罪に問うこと［因言治罪］の凶悪な本質を看破させ、徹底して言論の自由を実行する決心を固めるにあたり、なお不十分であるといえるだろうか。

まさに、魯迅の『狂人日記』の中の狂人のようである。狂人は、自らが人に食べられようとしていると感じた時に、ようやく自らも過去に人を食べてきたことを悟るのである。この数年来、思想をもったがゆえに、話す口をもったがゆえに、迫害を受けてきた人々も、過去において、思い切って本心から発言した人や自己の観点を発表した人を迫害してきたのではないだろうか。「四人組」の横暴跋扈のおかげで、「言論を罪に問うこと［因言治罪］」という血生臭い原則の演繹過程が加速し、その本質のすべてが迅速に暴露された。さもなければ、我々の一部の同志は、おそらく、今日に至るまで、言論を罪に問うこと［因言治罪］をプロレタリアート独裁［専政］の至宝とみなしていたであろう。まさに、魯迅がいうように、「あなた方がもし改めなければ、自らも食べ尽くされてしまうのだ」。これは、歴史が我々に提起した忠告なのである。

第２章　言論の自由の力量とその実現過程

１．各国において言論の自由の実現はいずれも曲折の過程を経てきている

　ヘーゲル（Georg Wilhelm Friedrich Hegel）は、よいことをいっている。「同一の格言が、若い人の口から出た場合（たとえ、彼がこの格言について完全に正確に理解していたとしても）、それは、これまでつぶさに辛酸をなめてきた成人の智慧の中に具わっているような意義と広範性をもちあわせていない。辛酸をなめてきた成人たちは、この格言が包含する内容のすべての力量を表現することができる」（『法哲学講義』）。

　承認しなければならないことは、初期において、人々の言論の自由に対する認識はきわめて浅く不十分であったということである。多くの人は、言論の自由の原則は抽象的かつ空洞であると考えていた。一部の人は、それが結局のところいかなる意味を有しているのかについてまったく理解していなかった。相当多くの人は、それを封建時代における諫言を聞き入れることと同一視していた。真の反対意見もその発表の自由を有するということは、従来承認されていなかった。言論の自由の意義［含義］を理解していた少数の人の中においても、その価値は過小評価されていた。今日は以前と同じではない。人民は成熟した。このような状況の下で、人々はこの原則を再び提起したのである。そこには、その包含する内容のすべての力量が表現されてい

る。

　歴史的にみて、言論の自由は、一部の国家において深く根を下ろしているが、いずれの国家もそれぞれ曲折を経てきたのである。イギリスは、1688年の「名誉革命」以降、民主がようやく着実に機能し始めた。ブルジョア階級民主の最も典型的国家であるアメリカも同様である。「言論の自由が一切に優位する」ことを肯定した内容を含む憲法修正条項は、独立達成の後15年経ってようやく採択された。民主政治の実際の推進は、初代大統領ワシントンの任期中においてではなく、第３代大統領ジェファーソンの任期内において、真に始まった。もしかすると、一つの民族は、自らの直接の経験を通じて、初めてこの原則を真に理解・把握できるのかもしれない。とりわけ、我々のような、これまで一貫して「中華帝国」を自任し、他人の長所を学習するのが不得手で、悠久の歴史におごり高ぶり、他人の智慧を喜んで認めようとしない民族はそうである。これは、もちろん、我々中国人が言論を罪に問うこと［因言治罪］の苦しみをいまだ十分に味わっていないということをいっているのではない。ちょうどそれとは反対で、中国人はこの分野において十分すぎるほど苦しみを味わっている。しかしながら、人々は、その教訓を誤った形で受容してしまっている。連綿不断に続く「思想罪」、「文字獄」は、人々に言論の自由の追求を促さなかっただけでなく、逆に、多くの人に、言論の自由は根本的に実現不可能なものであると信じ込ませてしまった。彼らは、言論は制御すべきであり、問題は誰がそれを制御すべきかである、と考えている。換言すれば、多くの人は、専制の方法こそが唯一実行可能な統治方法であると信じている。区別は、悪人の専制かそれとも善人の専制かという点にあるにすぎない。

2．「評法反儒」からみた封建余毒の影響

　人々は、この数年一時的に世間を喧噪に陥れた「評法反儒」〈訳注12〉を忘れないだろう。それは、間違いなく、ある一面から3000年の封建専制の旧観念勢力の承継性をはっきりと示すものであった。人間性のまったくない法家思

〈訳注12〉「評法反儒」：1973年から1974年にかけて、「四人組」は、毛沢東の支持の下、「批林批孔（林彪を批判し孔子を批判する）」運動を展開した。この運動の内容の一つが、「評法反儒（法家を再評価し儒家に反対すること）」であった。この「評法反儒」が推進される中で、秦の始皇帝による焚書坑儒や韓非子による思想統制の主張が肯定された。実際には、この運動の真の目的は、周恩来批判にあった。

想に「階級闘争」展開の革命の外衣をはおらせ、全体主義［極権］強化の専制主義を「プロレタリアート独裁［専政］の強化」といいなした。韓非子の「奸悪を禁止する最上の方法は、その心（思想）を禁じることであり、第2はその言（言論）を禁じることであり、第3はその事（行為・事柄）を禁じることである［禁奸之法、太上禁其心、其次禁其言、其次禁其事］」（『韓非子・説疑』）という論述から「イデオロギーの領域における全面的独裁［専政］」を学び、意外にも、ある人は、これこそがマルクス主義であると信じたのである。この他、相当多くの人が、ひどく殺気立った覇王の道を理論上嫌悪していたにもかかわらず、悲しいことに、彼らは、それが「必要である」と自らを必死に説得したのである。最新を自負する人が最古の思想を有していた。まさに、このような思想が最古であったがゆえに、それは、容易に慣習勢力の強力な支持を獲得しえたのである。まさに、これらの人は、自らの思想を最新であると考えていたがゆえに、近代文明の優秀な成果（例えば、言論の自由）をすでに時代後れのものとみなして、造作もなくわきへ捨て去ることができたのである。長い長い中国の封建社会において、法家の名誉は、秦王朝の覆滅に伴い二度と隆盛を極めることはなかったが、法家の思想は、帝国の儒家の中で、とりわけ国家統治の理論と実践の分野において、ますます大きな優位を占めていった。原始儒家の中の人道主義思想は、政治の現実主義的な考慮により、時代後れの陳腐な論とみなされ、事実上否定された。このような2000年の長きにわたって持続した「儒表法裏（形式的には儒家であるが実質的には法家であるということ）」の状態は、きわめて悪辣な遺産を残すこととなった。それは、すなわち政治上のいっていることとやっていることが違うということ（言行不一致）であり、この遺産は現在に至るまでなお生息し続けている。言論の自由はその突出した一例であるといえよう。公然と言論の自由に反対する人はそれほど多くはない。彼らは、なぜ、言論の不自由を実行しなければならないのかについての種々の理由と規定を詳細に人民に説明することもないし、これまで自らこの問題について深く思考したこともない。彼らは、内心の深いところでは、言論の自由は舞台の前（公的な場所）でいうものにすぎず、舞台の裏（私的な場所）では別のことをすべきである、と終始考えている。彼らの思考方法は、本質上からいえば、依然として封建時代の政治思想公式の中におかれているのである。この十数年の動乱を経て、ようやくこのような遺産は真に批判を受けるようになった。このいうことと考えて

いることが裏腹である［口是心非］という理論は、自業自得という懲罰を受けた。この鋭利な両刃の剣は、本来他人に対処するものと考えられていたのに、結果として自らを激しく傷つけた。この時になって、人々は、ようやく、言論の自由がなんと具体的なものであるかを意識し、真に普遍的な拘束力を具える一連の法規を定立することがなんと重要なことであるかを意識したのである。一つの国家が強固かつ隆盛であるためには、先々までの見通しに富み気迫あふれる方針を確固不動に執行できるかどうかにかかっている。言論の自由を実行している国家は、言論の自由を実行していない国家に比べて、より安定しておりかつより長命であることを、資本主義世界の状況でさえ、少しも例外なく証明している。それでも、我々は、先見の明がなく一時的な便宜のために長期的な目標を犠牲にしてきた慢性的な自殺政策を、なお継続させることを許容するというのであろうか。

3．法律と権力

　法治の伝統が長期にわたって欠如した社会において、通常、人々が法律の意義と力量を認識することはない。通常、一部の権力者たちは、権力が法律の制約を受けることを望んでおらず、一部の人たちは、法律が権力を制約しうることを信じていない。今日、多くの指導者、とりわけ自らが身をもって無限の権力の害を受け、現在再び要職を担当している指導者は、そのほとんどが、自らが受けた痛みの中から、法律を用いて権力を制約する必要性を感じるに至っている。彼らは、再び権力を掌握した後、権力を制限する作業に着手しており、これは真の英明といえる。しかしながら、これは物事の一つの側面にすぎない。我々は、あらゆる指導者たちが、慎重に権力を運用するということを今後永遠に肝に銘じると考える理由を見出すことができない。また、権力者が権力を濫用しないよう意識的にそれに歯止めをかけさえすれば、民主が保障を得られると考える理由を見出すこともできない。したがって、我々は物事のもう一つの側面に論及しなければならない。もしかすると、それは、より重要な側面なのかもしれない。すなわち、法律は権力を制約できるのかという問題、およびどのようにすれば権力を制約できるのかという問題である。

　「四人組」が法律を随意に蹂躙したという蛮行は、人々に中国の法律に存在する様々な欠陥を深く認識させた。しかしながら、そのことは、逆に、人々

に法律は結局のところ力量を有するのかどうかについて疑念を生じさせた。「依拠すべき法がないこと［無法可依］」に比べれば、「法があっても依拠しないこと［有法不依］」の方がより深刻かつ本質的な事実なのである。もし、「法があっても依拠しない［有法不依］」という現象が、十分に制止できなければ、「依拠すべき法がないこと［無法可依］」を解決したところで、それは無意味なものとなってしまう。再び整備された条文は結局のところしょせん条文にすぎず、もし、強制力がなければ、一銭の値打ちもない。したがって、我々は、法律の作用と力量について厳粛に考察しなければならない。

　周知のとおり、強権は決して公理ではない。しかしながら、残念なことは、公理もまた強権ではないということである。ただ、公理にのみ頼っていては、たとえ、真理を掌握していたとしても、専制に打ち勝つには不十分である。専制に打ち勝つためには、力量・実力をも具えなければならない。憲法の中の公民の権利に関する条文は、神符ではない。それは、人民を保護する効用を自動的に発揮するわけではない。結局のところ、これら条項の力量は、人民のそれに対する一致した覚悟およびそれを実行する確固とした決心によって決まるのである。したがって、民主と法制を健全なものとするために、我々は、以下の数点を認識する必要がある。

　①民主と法治は実現可能なものである。
　②民主の原則の適切な意義［含義］を理解する。
　③法律的眼差しをもって問題を観察する習慣を身につける。
　④民主と法治を保衛する意義と勇気を具備する。

4．現代専制主義の神秘

　まず、我々は、民主と法制は必ずや実現可能なものであるということを確信しなければならない。長期にわたる専制統治は、容易に、人民の自らの力量に対する自信を喪失させる。このような消極的・悲観的な心理は、かえって、民主を実現する際のきわめて大きな障害となる。このような悲観的心理を除去するにあたり、そのカギは、専制統治の秘密の所在を指摘する点にある。現代の専制主義の最も重要な特徴は、古代のそれのように、人民の敵対的力量として公に存在するものではなく、逆に、最も直接的に民意を反映することをもって自らの存在理由としているということである。その統治の神秘は、暴力に基づくよりも、むしろ欺瞞に基づくという点にある。なぜなら、

その暴力装置は、結局のところ、このような暴力装置を組織する人民に対して欺瞞をなした結果によるものでもあるからである。過去の専制主義者たちには多少の違いもみられる。ツァーリ統治下のロシアにおいて、内部に対処する暴力装置として用いられたのは、一つは、特権階級の子弟により組織された近衛兵であり、もう一つは、野蛮で凶暴なコサック騎兵であった。ナポレオン3世の暴力装置の成分となったのは、主としてルンペン・プロレタリアートであった。これら武器を用いて人民を鎮圧することは、「人民の民主を保衛する」というたぐいの口実を捏造することをあまり必要とするものではなかったのである。

　いわゆる欺瞞には、2つのレベルの意味がある。その一つは、専制の怪物が最初に崛起した際に、彼は多数を占める人民の心からの支持を騙しとるということである。シャイラー（William Lawrence Shirer）の『第三帝国の興亡』を読んだことのある人は、当初、ドイツ人、とりわけその中でも青少年が、きわめて熱狂的にヒトラーを支持したことについて、ほとんど疑問をもたないであろう。林彪、「四人組」が台頭し始めた頃を回顧すれば、中国人もまた類似の誤りを犯したことがあるのである。この一握りの専制魔王が、自ら「最も革命的である」姿・格好に扮して、人々の幼稚で盲信的で冷静さを欠いた熱情を利用して、それにより、わずかな時間できわめて大きな力を得るのである。ここからみてとるべきことは、「権力」は、もともと何ら超自然的なものでもなく、我々自らの力量と異なる敵対物でもない、ということである。近代の大多数の政治学理論は、権力の淵源はただ一つ、それは、多数の人々の意識的な支持であることを承認している。そうである以上、どうして、専制魔王の反動的な面貌が徐々に暴露されてきた時においても、彼らは、なおきわめて大きな力を有し続けるのであろうか。どうして、絶対多数の人民が心底彼らに反対した時においても、彼らは人民を支配し続け、人民はこれに対して何ら有効に反抗しえないのであろうか。これこそが、第2のレベルの欺瞞である。すなわち、言論の自由という手段を禁止することを通じて、人々が経験を交流するルートを遮断し、それにより、彼らは引き続き多数者に擁護されるという虚偽の外貌を作り出すのである。事物の認識は、常に一つの過程を必要とする。真理は、初め、常に少数者の手の中にある。真っ先に覚醒した人々が専制主義に反対すべく立ち上がった時、大多数の人民はいまだ覚醒していないために、逆に彼らを「反革命」とみなしてしまう。そこで、専制

主義者は、言論を罪に問う［因言治罪］という手段を利用して、最も早く反抗に立ち上がった人を扼殺することに成功するのである。専制主義者は、一切の言論の陣地を独占しているために、容易に事の真相を歪曲することができ、鎮圧された勇士たちの頭上に汚水をまく。それは、これら先知先覚の人々を迫害することだけでなく、真理の伝播を有効に防止することでもある。それにより、広範な人民の覚醒の過程を大いに遅らせるのである。同様の道理に基づいて、専制主義者は、さらに、人民の手を借りて、第2、第3の覚醒者を鎮圧することが可能となる。事態のさらなる発展に伴って、ますます多くの人は、自らの切実な経験の中から、このようなやり方に次第に懐疑的にならざるをえなくなる。しかしながら、彼らの中の多くの人は躊躇してしまう。なぜなら、一個人が、他人と相互に認識を交換する前において、自己のある観点について多少なりとも確信をもつことはきわめて困難であるからである（とりわけ意志が強靭で、見識を有する少数の人を除く）。しかし、言論の不自由の雰囲気の下で、このような認識の交換もまた不可能である。それゆえ、こうした状況は、多くの人が、心の底から疑問や反感をもっていたとしても、必ずしも自己の観点を正式に表明しようとはしないということを決定づけている。専制主義者は、長期にわたって、愚民政策を推し進め、彼ら政府側の理論・イデオロギーを宣布し、「人民神聖」というきく人を感動させるような言辞を抽象的に肯定する下で、各個人の自信を動揺させ、彼らに自己の判断が信用できないよう感じさせることに力を注いでいる。他の一部の人は、専制主義者の意図を看破しているものの、前の反逆者たちの命運を目の当たりにしているために畏縮せざるをえなくなり、力関係がはっきりわからないために自己の観点をあえて表示しようとはしない。上述のいくつかの種類の人以外に、社会には、善良で愚昧な人々がおり、彼らは引き続き蚊帳の外におかれ真相を知らずにいる。そして、騙されている者たちの行列の中から、何人かの覚醒者が立ち上がるたびに、他方で、いつもより若い人が騙されて、新しくその行列に加わるのである。この他、各民族の中には、自己の安逸のみをむさぼり、国家の命運に根本的に関心がない勝手気ままな者たちもいる。さらに、強力に思想の抑圧が行われているという前提の下で、懐疑思潮の蔓延に伴って、社会には、一種の「俗世間に嫌気がさしていること［看破紅塵］」、不遜な遁世主義や犬儒主義（シニシズム）も流行している。上述したような人の中で、彼らそれぞれの状況に違いはあるものの、一部は、事実上、専制主

言論の自由を論ず 87

義に対してサボタージュを構成している。しかしながら、彼らは、依然として、当初彼らが専制主義者を真に擁護した際に知らず知らずのうちに締結した身売りの契約書に基づいて、事を進めざるをえない。すなわち、彼らは、専制主義者の命令により、あえて公然と反抗に立ち上がった人と闘争をし彼らを鎮圧しなければならない。なぜなら、現代専制主義の論理の一つは、中立を許さず、いわゆる「革命の側に立たないことは必然的に反革命の側に立つ」というものであるからである。そして、それは、容赦なく、人々に専制主義統治のすべての行動および罪悪の共犯者になるよう強要するのである。このようにして、専制主義者は、たとえ、実際にはすでに大部分の人心を喪失した時であっても、依然として、表面上は成功裏に局面を制御することができる。そして、このような状況の下で、人民を鎮圧し威嚇する暴力的道具として用いられるのも、やはり人民自らにより組織されるものなのである。

　現代専制主義のこのような統治術の最高傑作が、1976年4月7日・8日に全国各地で出現した行進・集会である。当時、「四人組」の醜態・凶相が暴露される中で、党心・軍心・人心はいずれも「四人組」の側にはなかった。それなのに、彼らは、「国を挙げて億万軍民は天安門反革命事件に憤怒しこれを糾弾する」という茶番劇を大々的に演じたのである。これは、「四人組」の掌中にある神通力を有する魔法の杖なのだろうか。そうではない。率直に暴露すれば、それは、すべて自らが威嚇・恫喝したものであり、権力の異化以外の何物でもない——人民自らが組織した力量が逆に人民自らを抑圧する対立物となったのである——。このような異化の過程においては、言論の独占こそがその第一歩であり、また最もカギとなる一歩でもある。この一点を認識することこそが、現代専制主義の神秘を認識することなのである。

　傑出した革命的民主主義者であるペイン（Thomas Paine）は、哲理に富んだ言葉を残している。「愚昧の性質はとりわけ特別なものである。ひとたび、これが取り除かれた後は、再起しようがない。……人に愚昧を保持させることはできるが、愚昧でない人を愚昧に変えることはできない」。我々は、切実な体験の中から、専制主義の根源を理解した。そうであれば、我々はもはや専制主義という怪物を恐れることはないのである。

5．民主は我々の時代の本能である

　「四人組」を粉砕した後、ますます多くの人が民主と法制の問題を提起す

るようになった。これ自身は、一つの光明の兆しである。民主は重視されうるものである。なぜなら、大多数の人民が非民主の苦しみを身をもって経験してきたからである。法治は実現可能なものである。なぜなら、大多数の人がその必要性を切実に感じているからである。民主は、今なお我々の時代の主流であり、さらに、それは、過去の時代と比べてより深遠かつ広範である。現代専制主義の興亡史は、風刺的な意義を具える事実を示している。すなわち、千万の人民が専制主義のために奉仕している時、彼らは「真の」民主の実現のために奉仕していると考えているのである。この事実は、民主が、今日の世界においてそれに正面から挑戦する者は誰もいない強大な勢力であることを説明するだけでなく、専制主義のムカデは死んでもなおその影響力が残るということをも説明している。それは、我々に、理論上から民主の適切な意義［含義］を解明し、民主の実現がどんなに重要であるかについて詳述することに注意を促している。同時に、人々に、民主は時代の叫びであることを告げている。もしかすると、民主を我々の時代の本能になぞらえるのが最もよいのかもしれない。人々は、民主を追求する本能的な衝動を有しており、それは、永遠に衰えることはない。それゆえ、それは、常に、民主を実現させうる理論や制度を探し求めている。それは、初期においては、経験の欠如により民主を実現させうる対象（理論・制度）を誤って探し求めてしまうかもしれないが、このような誤りは速やかに発見され、それにより別の対象（理論・制度）へと方向を転じることになる。それは、正しい対象（理論・制度）を探し出し満足を得るまで止むことがない。民主の原動力は、人民が自己の命運を自ら支配したいとする願望である。ただし、この願望は、物質的財産の増加、精神的交際の拡大に伴って、日増しに強くなる。現代情報技術の発展は、数十年のうちに専制主義者たちの一大至宝──全人類間の思想・文化の交流の遮断──を役に立たないものに変えてしまうであろう。新しい世代は、古い世代よりもより多く自主意志を表現できるようになり、ほとんどすべての世代の人は、彼らがそれぞれ10年若かった時に比べて、多くの自らが知らなかったものを発見することになろう。20世紀の世界の政局を見渡せば、そこには２つの顕著なところがある。１つめは変（変化）、２つめは快（快速）である。幾多の王冠が地面に落ち、人類は死地に活路を見出すことになろう。多くの事物は、昨日は想像もできなかったのに、今日には不可避的なものとなる。人民は迅速に成熟しており、進歩は最終的に災難よりもより速

く駆ける。これらのことすべてが、人々に、民主と法治の前途に対してより大きな確信を抱かせる理由となるのである。

6. 憲法の作用

　憲法の作用はどこにあるのだろうか。それは、一切の民主を愛する人々に一つの結合点を提供するところにある。例えば、言論の自由についていえば、ひとたび、より多くの人がその適切な意義［含義］を理解すれば、それは、彼らの統一した行動に対して、共同の綱領を確立したに等しいものとなる。権力が言論を侵犯するという事態が発生すれば、すべての民主を愛する人々は、たとえ、取締りに遭った言論そのものに対してはまったく異なる見方をもっていたとしても、権力が言論を抑圧することを禁止するという一事において、期せずして一致して共通の立場をとることになる。もし、一個人が、自己の言論が抑圧を受けた時にのみ、初めて言論の自由を想起して、別の言論、とりわけ彼が反対する言論が抑圧に遭った時、抗議しないばかりか、波瀾をさらに助長するのであれば、それは、もちろん、言論の自由を保障できていないのと同じである。言論の自由の要求は、まさしく、あなたが、ある見解に同意するか反対するかを問わず、あなたは、そのような見解を発表する権利があることを承認しなければならないということ、あなたは、そのような観点を発表する人を守り抜かなければならないということなのである。この一点から離れれば、少数意見の発表を保証することも、権力が真理を鎮圧することを阻止することもできなくなる。ヴォルテール（Voltaire）は、彼特有の鋭さをもって、この点について名言を残している。「私はあなたの意見には断固として反対だが、あなたがそれをいう権利は命にかけて守り抜く」。彼の言葉は、真に民主を熱愛する人々の思索を喚起せずにはいられない。このようにして、初めて権力による言論の鎮圧が有効に制止されうるのである。憲法が規定する公民の各権利条項のすばらしい点は、それが歪曲できない簡単な原則であり、人々が、ひとたび、その意義［含義］を理解すれば、完全かつ正確にそれを実行することができるという点である。「文化大革命」の中で、毛沢東思想により一切を衡量するというやり方が提起されたが、それは、各個人が彼の理解する毛沢東思想に照らして一切を衡量するというものであった。それゆえ、それは、統一した認識と行動をもたらすことができなかっただけでなく、かえって、毛沢東思想を誠実に信奉する人々の間での相互の殺

し合いを招いてしまい、「四人組」のような派閥に台頭する機会を与えてしまった。世界上には、善人は多く、悪人は少ない。しかしながら、善人たちは、しばしば悪人にいじめられる。その原因は、善人たちは一つの集合点・一つの共通点を見出すのが苦手であるという点にある。その結果、彼らは相互に殺し合い、悪人が漁夫の利を得るのである。法治の実行は、まさにこのような悲劇を克服するためのものである。法治の実行は、人々に法律的眼差しを用いて一切を衡量することを要求する。法律の条項の明晰性は、法律を誠心誠意擁護する一切の人々が共通の認識を得ることを保証し、人々が重大な問題において比較的一致した立場をとることを保証する。そして、彼らの間の分岐をより理性に合致した基礎の上におき、一歩一歩解決するのである。

　例えば、法治の精神に基づき、「李一哲事件」〈訳注13〉に対処したならば、問題は容易に解決したのではないだろうか。まず、言論の自由に基づき、無罪で釈放すれば、壁新聞［大字報］が反党・反社会主義に属する犯罪であるかどうかについて、人々は論争のしようがない。もし、一部の同志が、それは「反革命言論」であると考えれば、それはそれでかまわない。彼らは、この一点に基づいて、李一哲を罪に問う［判罪］権力をもちあわせていないだけである。心得ておくべきことは、一切の判断において、最高の権威――法律――が存在するということである。李一哲を逮捕した人こそが、真に法を犯したのであり、彼らこそが、法律の制裁を受けなければならない。これが、すなわち法治なのである。

7．法律的観点から問題を観察すべきである

　承認しておくべきことは、法律的眼差しを養うことは決して容易なことではないということである。これは、観点を改変する問題というよりも、むしろ、態度を改変するという問題である。一見したところ、法律は、不偏公平であり、人々が是非の心から形成した好き嫌いの感情とは非協調的であるよう

〈訳注13〉「李一哲事件」：「文化大革命」末期の1974年11月、広州市の街頭に「李一哲」と署名された壁新聞［大字報］「社会主義の民主と法制について」が貼り出された。「李一哲」は集団ペンネームであり、広州美術学院学生の李正天、高等学校学生の陳一陽、工場労働者の王希哲から1字ずつとっている。この壁新聞は、「文化大革命」に疑問を呈し、人民大衆の民主的権利を保障するための法律の制定、国家・党に対する人民大衆の監督権の保障、高級幹部の特権の廃止、労働に応じた分配の実行等を提起していた。広東省当局は、直ちにこれを取り締まり、メンバーは逮捕・投獄されたが、この壁新聞は写しやガリ版刷りによって全国に伝えられ、社会に大きな衝撃を与えた。

にみえる。感情を制御できず、冷静さが不足し、経験が欠如し、将来展望のない人たちは、容易に法律を悪人の避難所、虚偽の中立区、手足を束縛する障害物とみなしてしまう。少なくとも、彼らにとって、それは、本の虫（役に立たない知識人）同様、まったく必要のない、（不変で厳守すべきとされる）ピケ線のようなものでもある。例えば、言論の自由についていえば、それは、革命言論の発表を許容するだけでなく、反革命言論の発表をも許容するものである。これらの人々からみれば、そんな道理があるものか、そんなことはもってのほかだ、ということになる。もちろん、彼らは、反動言論を発表した人について、彼らを必ずしも捕らえる必要はない、ともいう。しかし、仮に捕らえたのであれば、それはそれで特にそれほど深刻な問題でもないのではないか。これが、彼らの考え方である。「文章によって討論すべきであり、武力で闘争してはならない［要文闘、不要武闘］」という道理は、おそらく、言論の自由に比べてより容易に理解・把握できるものであろう。しかし、「文化大革命」の中で、それが、厳格に執行されたことは一度もなかった。「一句が一万句に相当した」時代において、この語はいささかも効力を生じることがなかった。あなたは不思議に思うだろうか。その原因は、当時、多くの人が、悪人を攻撃することはどうしてしてはならないことなのか、と考えていた点にある。たとえ、政策に合致しなくても、大きな方向性を損なうわけではない。逆に、あなたが私たちが悪人を攻撃することを批判すること、これこそが虚偽であり、実質上反動なのである。このような思潮の下で、老獪な巨魁たち（例えば、林彪、「四人組」）は、故意に火に油を注ぎ、機に乗じて巧妙な手段で私利を得ようとする者たちは、下心を抱いてわざと大げさに振る舞い、意志の薄弱な者たちは、右よりもむしろ「左」を選択した。その結果、「武闘」の嵐はますます激烈なものとなり、ほとんど収拾がつかなくなったのである。

これと比べあわせてみれば、言論の自由の原則は、本来、より複雑なものであり、当然、それを実行することもより困難である。いわんや、一部の幼稚な人は、根本的に言論の自由が何物であるかを知らない。いわんや、多くのわかったようなわかっていないような人たちは、言論の自由とは反動言論をその中に含まないという考え方に固執している。言論の自由の原則の意義［含義］を理解している人の中でさえ、多くは、それを厳格には執行できないと考えているのではないだろうか。このことは、必ずしも、人々が法律を心底軽視していることにすべて帰因するとは限らない。事実上、彼らが法律の重

要な意義を了知していないことも、きわめて重要な原因の一つである。人々が言論の自由を堅持しようとせず、それを厳格に執行しようとしないのは、彼らが、その意義のすべてをいまだかつて意識したことがないからである。「四人組」は、大多数の人のこのような幼稚さを利用して、法律を踏みにじり自らに無限の権力を付与することを通じて、天に背き道理にもとるような罪悪の限りを尽くしたのである。そのことは、人民に数多くの反面経験を提供した。そう、一つの民族は、自ら直接に経験した痛み・苦しみを通じてのみ、初めて教訓を得ることができるのである。しかしながら、もし、我々が、ただ単に苦い経験のみにより、人々が皆有益な教訓を吸収することが担保できると考えるのであれば、おそらくそれは不適当である。もし、ただ単に数多くの災難の経験により民族の聡明・成熟を保証するのであれば、我々中華民族は、とっくに世界の最前列に位置していることであろう。ここで、さらにより重要な前提が必要となる。すなわち、我々は、これら歴史的教訓をうまく総括し、理論上、深い分析と概括をなし、かつ、これら教訓をたゆむことなく伝達していかなければならないのである。

8. 言論の自由を人心に深く根づかせることを重視しなかったのは、過去の民主化運動の重要な欠陥であった

　ここで、我々は、再度歴史を回顧せざるをえない。百年来の中華民族の優秀な子女たちが展開した英雄的な闘争を回顧することとしたい。後の世代の人が先達を指弾することは不適当であるが、後の世代の人は先達の肩の上に乗っている以上、当然にいっそう見通しがきくはずである。康有為、梁啓超に始まる近代の進歩的中国人は、祖国を強盛なものとするための努力の中で、誰一人民主を考慮しない者はいなかった。百年来の革命闘争の中には、不徹底な妥協や改良も含まれるが、やはり、民主を勝ちとるという内容を含まないものは一つとしてなかった。これら民主獲得の闘争は、きわめて巨大な勝利を得て、中国人民は、民主の享有の方面において、これまですでにきわめて長い道程を歩んできた。そうであるにもかかわらず、1976年の清明節は、中国人民にはっきりと意識させたのである。我々はすでに民主を完全に失ってしまった、と。人々は一生懸命に思索せざるをえない。これはなぜなのか。

　高いビルディングは、ひとたび、建造されれば、一般的にはそれを打ち壊

すことはきわめて困難である。しかしながら、もし、その基礎が十分に安定していなければ、多大な力を費やすことなく基礎部分を破壊するだけで、ビルディングは完全に倒壊する。民主もそれと同じである。民主全体についていえば、言論の自由はまさにその礎石である。もし、大多数の人が、言論の自由の意義［含義］と価値について認識を欠いていれば、民主の構造の全体が砂上の楼閣に他ならなくなる。

　事実もまさにこのようである。我々の先輩たちは、民主のために闘争を展開した際に、一つの致命的な誤りを犯した。彼らは、民主の最も基本的な原則──言論の自由──を人心に深く浸透させられなかったのである。大多数の人々は、言論の自由の完全な意義［含義］と重要な作用を理解することはなかった。若干の知識と能力を有する人たちもまたそうであった。このことは、専制主義者にきわめて有利な突破口を提供したのである。我々が上のいくつかの節でなした分析の中から、人々は容易に発見できるであろう。もし、人々が終始真の言論の自由を享有していたのであれば、専制主義者は、おそらくこうも多くの罪悪をなしえなかった。人々が最初に言論の自由のすべての内容を理解してさえいれば、彼らは、決してこの最低限の防衛の権利を放棄しなかったであろう。彼らが初期において他人の言論の自由に対する剥奪に自発的に参加してさえいなければ、彼らも、彼ら自身の手で作り出した無限の権力による威嚇を受けることはなかったであろう。言論の自由は、民主の第一の要求であるだけなく、その最後の防御線でもあるのである。人々が民主のために公然と戦いを挑むことができる時、ほとんどの場合、ある程度の言論の機会を有している。そのため、彼らは、この原則を強固なものとし、人心に深く根づかせる作業を容易に軽視してしまう。その結果、問題を根本からひっくり返すような［釜底抽薪］致命的な一撃を浴びて、全軍が壊滅するのである。もしかすると、彼らは、言論の自由の原則はあまりに当たり前すぎると考えているのかもしれない。しかし、最も当たり前のものこそが、最も重要な意義を有しているのである。もしかすると、彼らは、言論の自由の原則はあまりに代わり映えがしないと考えているのかもしれない。しかし、最も代わり映えがしないものこそが、最も堅固なのである。もしかすると、彼らは、言論の自由の原則はあまりに単純なものにすぎると考えているのかもしれない。しかしながら、最も単純なものこそが、大多数の人に容易に理解・把握されるのである。民主の力量の源泉は、ただ一つ、それは、す

なわち人民の覚悟である。最も厳粛な事実は、我々は、すでに民主のために100年あまり闘争を繰り広げてきたのに、現在、どれほど多くの人が言論の自由の真の意義［含義］と価値を理解しているのだろうか、ということである。道理で、封建主義が何度も復辟するはずである。結論をいえば、まさに、言論の自由の原則が、最も当たり前で、最も代わり映えせず、最も単純であるがゆえに、我々は、喫緊に、それを人心に深く根づかせなければならず、人々にその内容のすべて、根拠のすべて、価値のすべてを理解させなければならないのである。理論は、徹底しさえすれば、人を説得することができる。理論は、ひとたび、大衆を掌握しさえすれば、物質的力量へと変化する。考えてみてほしい。もし、大多数の人が真に言論の自由の原則を理解していれば、たとえ、彼らのその他の分野における認識に大きな違いがあっても、権力による言論の鎮圧に反対するという一点において、彼らは共通の護憲の立場をとるであろう。このことにより、権力に最も必要かつ最も重要な制限を加えることが可能となり、理性の進歩に最も基本的かつ最も肝心な方途を提供することが可能となり、人民の権利に最低限かつ最も根本的な保証を付与することが可能となる。言論の自由という「目」があって、初めて民主という「囲碁」は活きたものとなり、民主化の過程は、不可逆的な趨勢へと変化するのである。このことは、現在、面倒なことを嫌がることなく、うまずたゆまずに、人民に対して言論の自由の原則を詳述することを我々に要求している。まさか、これは条件が許さないとでもいうのだろうか。目的を達せられないとでもいうのだろうか。あってもなくてもよい作業だとでもいうのだろうか。中国の目下の政治的民主はなお不完全である。しかしながら、我々が、このような言論の自由を詳述するという理論的作業を進めるにあたり、間違いなく条件は整っている。

9．過程と岐路

　民主は、一つの過程にすぎず、我々は、もちろん、それが最初から完全無欠であることを期待することはできない。しかしながら、誤った道に迷い込むのを防止するために、我々は、最初からその最も基本的な部分をしっかりと把握しておく必要がある。経験豊富なコーチが初心者を育成する際、彼は、選手に毎回のゲームで必ず勝利するよう要求することはない。なぜなら、それは非現実的であるからである。ただし、彼は、選手のボールを打つ姿勢お

よび技術要領の理解・把握については厳しい態度で臨む。そうでなければ、誤った道へと進むことが避けられないからである。つまり、現在、我々は、民主と法制の基本原則に対する研究と討論を十分に重視する必要がある。そして、その一連の基本原則の中で、言論の自由は最も基本的なものであり、それゆえに、それは、最優先の地位におかれなければならないのである。

プロレタリア階級の革命指導者が熱烈に称賛したことのあるアメリカの「ヴァージニア権利章典（1776年）」は、参照に値する観点を提起している。それは、民主により賜る幸福を保護するために、必ず、「常に根本的原則に立ち戻る」べきこと（第15条）を指摘していることである。このことは、民主の保持は、一定程度において、人民が民主の存在根拠について了知しているかどうか、一致した見解を有しているかどうかによって決まるということを意味している。いわゆる「常に根本的原則に立ち戻る」とは、我々が民主を賦与された根本的原則の意義を批判的に認識することを指している。まさに、このように、言論の自由の原則の前途は、一定程度において、我々がこの語の適切な意義［含義］を明らかにすることにかかっている。これは、基本的には理論的任務であるが、その他の多くの理論的任務と比較すれば、よりいっそう根本的なものなのかもしれない。この理論的任務がいまだ完成していない段階において、人々は、その他のいかなる理論的任務も完全に解決することはできないであろう。事実上、この任務の解決は、その他の任務のために道を舗装することを意味している。歴史はすでに我々に一度懲罰を下している。我々の先輩たちがこの最も基本的な任務を軽視したからである。もし、今日、我々がこの教訓を汲みとることなく、言論の自由の原則の意義を詳細に解明せず、それを真に多くの人々の心の中に深く根づかせることをしなければ、歴史は必ずや再び我々に懲罰を下すにちがいない。

もしかすると、ある人は、我々の議論は空談であると嘲笑するかもしれない。「言論の自由は確かにすばらしいものであるが、もし、権力者（当局者）がそれを実行しなければどうするのか」。我々は、もし、誰かがこのような非難を提起するのであれば、それは、彼らが我々の思想をまったく理解していないことを表しているというだろう。我々は、ある国家が言論の自由を有しているかどうかは、そこの権力者（当局者）がそれを実行したいかどうかにかかっているのではなく、そこの人々がそれを堅持しようとしているかどうかにかかっていることを特に強調してきた。周知のとおり、多くの発展途上

国において、政変はまるで日常茶飯事である。しかし、真に民主の伝統を具える国家において、政変の発生はおよそ想像しえないものである。この対比は、国家が民主を採用しうるかどうかを決定するカギは、権力者（当局者）の信念または資質にあるのではなく、人民の民主に対する意識の程度にあるということをはっきりと証明している。一部の人は、中国の現在の民主化の程度に対してきわめて不満であるが、他の一部の人は、もし、別の人たちが反対すれば、状況はもっとひどいものになりはしないか、と反駁する。我々は、このような反駁がよいものであるとは思わないが、冷静かつ公平にいうのであれば、それは部分的に真理をも含んでいる。換言すれば、現在我々が民主化の分野で獲得した様々な成果は、指導者が比較的正確な政策（路線）を執行したことと切り離せないものである。例えば、このような路線が変更されれば、現在の状況からみれば、再び後退が生じることもありえないことではない。そして、現在の人々の民主に対する覚悟の程度は、このような後退を食い止めるにあたり、おそらくなお不十分である（もし、このような後退が上から下へのものであった場合の話である）。このような仮想は、人々の民主の意識をさらに向上させること、何よりもまず、より多くの人に言論の自由等の原則の意義［含義］と価値を確実に了知させることがどれほど切迫した任務であるかということを、我々に認識させるのを促すにあたって大いに役立つかもしれない。このことは、後退を防止する根本的措置であるだけでなく、進取の継続を保証する必要な前提でもあるのである。中国の政治的民主化の前途に関心をもつすべての人々は、この点に注意を向ける必要がある。

10. 新興国家の「法があっても依拠しない」現象の歴史的原因

　ほとんどすべての新興国家は、民主的・共和的であると自称し、おおよそ完備した憲法を有している。しかしながら、これら憲法が実施された記録を調べてみれば、おそらく、大部分の国家は不合格であるといわざるをえない。深遠な民主の伝統を具える国家は、これとは異なり、そこでは、いかなる人も、大統領、総理大臣に至るまで、公然と法律を破壊しようとはしない。どうして、法律の条文が、一部の地域では紙くずに等しく、他の一部の地域では神符に勝るのだろうか。その原因は探究するに値しよう。

　原因の一つは、新興国家が、一般的に、言論の自由の価値と意義を発見するという過程を経験していないことである。このことは、サッカーに熱中し

ている人たちに喩えることができる。ある人が、別のところで、正式なサッカーグラウンドの各種境界線をみた。彼は、戻ってきた後に、自ら見本どおりにそれを描いてみせた。しかし、大多数の人は、それら境界線がいったいどのような意味をもつのかについてまったく理解することができなかった。彼らは、サッカーを始めたとたん、自然と以前からのやり方に戻ってしまっていた。それら境界線の存在意義は完全に忘れられたわけではなく、勢力の大きい一方が任意にそれらを解釈した。別の人々は違った。彼らは、これまで、規則がないことによりむやみやたらに休みなくボールを蹴り続けるという苦い経験を味わい、ようやく規則を定めることを約束するに至った人たちであった。そこでは、各境界線の作用と意義は、すべて議論を経た後に、多数意見により決定された。選手だけでなく、大部分の観衆も、皆これら境界線の意義を理解していた。それゆえ、そこでは、人々は、ボールを蹴る際に、関連の規則に違反しないよう注意せざるをえない。ひとたび、誰かが違反すれば、必然的に相応のペナルティを受ける。それが自らのチームの選手であっても、チームメイトの反則行為をかばうようなことはしない。このことは、自らのチームの大部分の人の正義感と関係している。それだけでなく、より重要なことは、規則を深く理解した観衆による制約を受け、そうせざるをえないということである。

　言論の自由を例にとれば、アメリカ憲法は、最初、人々が言論の自由を有することを規定していなかった。さらには、第２代大統領アダムズの執政期間において、およそ議員をはじめとする官吏に反対する言論を発表した者は処罰を受けなければならない、といった内容を含む法令までもが制定された。当時、ジェファーソンをリーダーとするブルジョア階級民主派は、言論の自由の主張を提起した。それにより、人々は、いわゆる言論の自由とは、国家・指導者を批判・攻撃する自由をも包括するものであることを自然と理解したのである。長期にわたる激烈な論争を経て、言論の自由の意見は勝利した。そして、まもなくして、言論の自由は憲法修正条項に書き加えられたのである。アメリカ人民は、このように言論の自由の原則を発見するという過程を経験してきている。それゆえ、言論の自由の原則は、大部分のアメリカ人の心の中で、すでにその意義［含義］がはっきりしたものとなっており、彼らは、権力が言論を侵犯する際に、自然と共通の立場をとることができるのである。このことにより、いかなる権力者（当局者）も、公然と言論を罪に問

うこと［因言治罪］を実行しようとはしないのである。

　新興国家は、一般的に、このような言論の自由の原則を発見するという過程を経験していない。これら国家は、ただ単に、言論の自由の条文を簡単に引き写すだけで事を済ませてしまっている。その結果、大部分の人は、この原則の適切な意義［含義］と重大な価値について理解していない。そうである以上、どうして、言論の自由の原則が軽視されず、歪曲されず、踏みにじられないことを保証できるであろうか。呉晗の作品である『海瑞罷官』〈訳注14〉がひどい迫害に遭った際、全中国のどれほどの人が、これは言論の自由を踏みにじるものである、これは公民の権利を侵犯している、これは憲法に違反していると意識したであろうか。そして、これは、民主共和国の指導者が犯しうる最大の誤りかもしれず、人民は断固としてこれに反対しなければならない、と考えたであろうか。大部分の人の反応は、ちょうどこれとは逆であった。多くの人は、もとより、この白昼の権力による言論鎮圧事件の中から、憲法に記載された言論の自由と呼ばれる公民の権利を連想することはなかった。この反動言論を鎮圧することは、言論の自由に違反するものではないだけでなく、むしろ、よりよく真の人民の言論の自由を保衛し運用することであると断言する人も少なからずいた。一部分の心根の優しい人にとって、このような残酷な所業はみたくないものであったが、それでも、彼らは、「頭でっかちの知識人はいらない」と必死に自らにいいきかせた。残酷な階級闘争を前にして、どうして、温和・善良・恭敬・節倹・忍譲の規則、例えば、言論の自由のたぐいのような時代遅れの陳腐な空談を想起することができるだろうか。大多数の人の考え方は、このようなものにすぎなかった。そうである以上、彼らは、言論の自由が役に立っていないという点を不思議に思うこともなかったのである。

　　　〈訳注14〉『海瑞罷官』：呉晗が1960年に完成させた京劇脚本。明代の清廉な官僚であった海瑞の活躍を描いている。もともとは、この脚本は「海瑞精神に学べ」という1959年4月の毛沢東の呼びかけに応じて執筆したものであった。ところが、1965年11月、後の「四人組」の一人姚文元が、上海の『文匯報』に「新編歴史劇『海瑞罷官』を評す」と題した論文を発表し、『海瑞罷官』は海瑞を毛沢東の「大躍進」を批判して失脚した彭徳懐に喩えており、プロレタリアート独裁［専政］と社会主義に反対する「毒草」である、と批判した。この『海瑞罷官』批判が「文化大革命」の序幕となった。

11. 民主革命不徹底の後遺症

　新興国家の民主革命は、ほとんどが生煮えのご飯（中途半端なもの）になってしまい、ここから、多くの後遺症がもたらされる。最大の面倒［麻煩］は、人々が法規を制定しても、それら法規の適切な意義［含義］と重大な作用を理解しないことである。このようにしてもたらされる危害は多重的である。

　①大部分の人は法規を理解しないため、実際の事務の中で、規則や手続に従うこともない。

　②しかしながら、形式上、法規は存在しているため、法規の語句と現実との巨大なギャップがもたらされ、多くの判断力・思考力のある人々の幻滅感を招き、「法があっても役に立たない［有法無用］」の失敗主義の情緒を生じさせてしまう。これら聡明な人々は、本来、法治を推進する積極的要素になりうるものである。しかしながら、自暴自棄から、しばしば、積極的に努力する人たちに冷水を浴びせる消極的な役目さえ演じることとなる。

　③このようなどうにもばつが悪い情勢は、往々にして、闘おうとしている人たちが適当な方法を探し出すのを困難にする。確かに、紙上のものを現実へと変化させるには、闘争を経なければならない。しかしながら、どのようにして闘争するのか。過去の事実をみれば、異なる意見を大胆に発表しようとした勇士が決していなかったわけではない。彼らのほとんどは、彼らが堅持した観点のために、甚大な代価を支払った。残念なことは、これら理性と引き換えに得られた進歩は、なお顕著なものとはいえないということである。この原因は、決して複雑なものではない。多数者が言論を罪に問うてもかまわないと考え、権力者（当局者）が一切の言論の陣地を独占している時、大胆な異なる意見の発表が処罰されるかどうかは、権力者（当局者）の信念と資質によって完全に決まる問題である。正義を擁護するためにあえて発言した人たちのうち、どれほど多くの人が、この一点を軽視したために、苦汁をなめてきたことか。たとえ、後に誤審の事案が是正されたとしても、是正されたものは、往々にしていくつかの具体的な観点にすぎず、それは、権力者（当局者）が、新たな異なる意見に対処する際に、言論を罪に問うこと［因言治罪］を積極的に実行することを妨げるものではなかった。大衆についていえば、彼らは、訴訟事案が完全にひっくり返った後に、ようやく初めて事の一部始終を知ることができた（これは、権力が世論を独占したことの結果である）。それゆえ、彼らは、いつも、非難・告発された「反動言論」がいった

いいかなる性質のものなのかを判別することができなかった。彼らの注意力は、どのような観点が反動なのかを考慮することに集中し、問題の核心──言論を罪に問う［因言治罪］てもよいのか──について、注意が払われることはなかった。換言すれば、異なる意見を大胆に発表するという方法をもって勝ちとった言論の自由は、実際には、言論の権利を運用することをもって、言論の自由を勝ちとることに代替させられてしまった。彼らは、知らず知らずのうちに、人々は皆言論の自由の意義を理解していると仮定し、なお未解決の問題をすでに完全に解決した問題とみなしたのである。したがって、広範な人民の注意力を真にカギとなる問題に集中させることは不可能であり、このことは、人民大衆の自覚を向上させるという本来あるべき作用を果たすことを困難なものとしたのである。

12. 言論の自由推進の根本的道程

　ひとたび、我々の現実に具わっている歴史的に作り出された、あるいは唯一無二の特徴を深く把握すれば、相応の解決方法を探し出すのは、我々にとって難しいことではない。

　悲劇の根源の一つが、我々が言論の自由の原則を発見するという過程を経験していないことにある以上、我々はそれを補完しなければならない。多数者がこの原則の意義［含義］と価値を理解していない以上、我々はそれについて詳述しなければならない。我々自らでさえ、この10年の大災害の中で、自業自得［木匠戴枷］という苦い経験を味わって、ようやく言論の自由に関する様々な道理を理解することができたのである以上、我々は、自らの経験を例に挙げて、十分に論理的な態度で、いまだこの道理を理解していない人々を説得しなければならない。言論の自由は、不断に勝ちとり続ける必要があるものである。いわゆる「勝ちとる」の真の意義とは、多くの人民にそれを理解させ、掌握させることなのである。

　生煮えのご飯にも、まったく利点がないわけではない。少なくとも、その掌握している権力の大小を問わず、公然と言論の自由を否認しようとする人はおそらくいないであろう。同時に、ただ単に、別の人が、言論の自由とは何かを討論したことに基づいて、彼らの言論の自由を剥奪することも、おそらく容易になしうることではないであろう。たとえ、ある人が、強引にそのことを行ったとしても、それは、より多くの人々の言論の自由の問題に対する

強い関心と研究を喚起し、多くの誠実な人士たちの強烈な不満を招くだけであろう。その結果、独断専行の権力者（当局者）は、きわめて困難な立場に立たされることになる。最後に、ひとたび、冤罪事件が見直されれば、言論の自由の原則は真に人心に深く浸透し、広範な人民が得る有益な教訓は、もはや、ある具体的観点を掌握することにとどまらない。彼らは、言論の自由そのものを掌握することになるのである。それは、もしかすると、言論の自由の実現の過程を加速させることにつながるかもしれない。

　これこそが、言論の自由を推進する根本的道程なのである。

　言論の自由は、公民の第一の権利である。各公民は、言論の自由とは何かを理解しなければならない。個々の公民は、外国語を理解できなくてもよい。哲学に精通していなくてもよい。何が形象思惟なのかを理解する必要もない。ただし、彼らは、言論の自由とは何かをはっきりと認識しなければならない。人々は、思惟と存在との間の同一性の有無といったたぐいの問題において、大いに論争し、各々自己の意見に固執してもかまわない。ただし、彼らは、言論の自由の原則については、共通の了知・覚悟を有していなければならない。ひとたび、権力が言論を侵犯するという事態が生じれば、人々は、言論を罪に問うこと［因言治罪］に反対するという点において、期せずして一致した立場をとることになる。権力はどこに存在するのか。権力は、共通の行動をとる人々の中に存在するのである。一歩譲っていえば、たとえ大部分の人の反対が、一致した行動を通じて十分に表示されることなく（それには、機構の設置が不可欠となる）、彼らの内心の信念の改変に表現されたにすぎなくても、換言すれば、たとえ、権力者（当局者）による言論鎮圧の行為が、一致した反対を公に招くことなく、権力者（当局者）に対する広範な人民の心中の道義的な破綻をもたらしたにすぎなくても、そのこと自体が、相当大きな転換なのである。実際に、このような状況の下で、比較的賢明な権力者（当局者）は、掌中の強権を用いて異なる意見を鎮圧することは下策であると気づくであろう。もし、我々が、各種の機構をさらに一歩改善できるのであれば、法律の条文は、その作用と力量をよりいっそう表現しうるであろう。人類の歴史は、法律を用いて社会を統治することが実行可能であることをすでに証明している。一切の悲観主義は、その理論的根拠を有さないばかりでなく、実践の検証にも耐えられないのである。

13. 前節の続き──民主のパラドックス

　前節において、我々は、言論の自由を推進する根本的道程は、より多くの人にそれを理解させ掌握させることであると指摘した。我々がそれを根本的道程であると確定するのは、我々が民主を実現させる諸要素について研究を進めたことにより得られた結論に基づいている。

　我々は、民主の原則の一つが多数決であり、民主の原則のもう一つが少数の保護であるということを知っている。しかしながら、この２つの原則は、時として矛盾を生じさせ、人々をひどく困惑させるような状況を出現させうる。もし、多数者が決議を採択して、異なる意見を持つ少数者を反動派と定義して取り締まったとする。これは正しいことなのであろうか。

　これは、民主のパラドックスと称することができよう。経験は我々に告げている。このような主観的には民主を堅持するようにみえて実際には民主に背離しているところでは、しばしば、このようなやり方によって、誤った道に迷い込んでしまっている、と。ある民主制が信頼するに足るかどうかを判断するにあたっては、権力者（当局者）が民主の意識を具えているかどうかに依拠するのではなく、大多数の人民が民主の意識を有しているかどうかに依拠すべきである。したがって、多数者が、異なる意見をもつ少数者に対して理智的に対処しない限り、民主は、容易に反対方向へと向かってしまうであろう。人々を不安にさせるのは、現在においても、なお、一部の人は、彼らが反動・有害であると考えた言論に対処する際、過去と同じような極左的な態度をとり、必ずや相手方を死の淵へと追いやるであろうということである。このことは、別の方面から、我々に、言論の自由の原則を強力に推進すべきであることを気づかせてくれる。中国の政治的民主の基盤はいまだ不完全であり、さらにいっそうそれを強固なものとしなければならないということをくれぐれも忘れてはならない。魯迅は、よいことをいっている。「戦をするにあたっては、まず自らの砦を堅守しなければならない。もし、ただがむしゃらに突撃すれば、かえって覆滅の憂き目に遭うであろう。それは、無謀の勇であり、真の勇ではない」（「魯迅書簡・榴花社宛」）。この砦こそが、言論の自由なのである。もし、大多数の人が、彼らの賛同する観点・作品に対して、なお保護を与えないというのであれば、それは、自ずとこの砦が根本的に構築されていないことを示している。しかしながら、もし、大多数の人が、彼らの賛同する観点・作品のみを保護し、彼らが反対する観点・作品を保護しない

というのであれば、それも、同様にこの砦がいまだ構築されていないことを示しているのである。したがって、真に守りきることができる砦を構築することが、「最優先に」なすべきことなのであり、絶対に高をくくってこのことを軽視してはならない。もしかすると、広範な人民の間では、たゆまずに言論の自由の解明を進めるという作業は、あまり刺激に富んだものとはいえないかもしれない。しかしながら、我々は、着実にこれを成し遂げなければならない。これこそが、物事を根本的に解決する道なのである。

14. 勇敢と賢明

　プーシキン（Aleksandr Sergeyevich Pushkin）は、ロシア皇帝エカチェリーナ2世の治世時に彼女について論じたことがある。「もし、政治が人々の弱点を利用して彼らを管理する芸術であるとすれば、彼女は、偉大な政治家の一人であるといえよう」。この言葉は、ある意義において、専制統治の奥妙を暴露している。人々の弱点とは何か。ゴーリキー（Maksim Gorky）は名言を残している。「人類の最大の敵は、彼自身の意志の薄弱と愚昧である。反対に、我々は、民主実現の秘密も知っている。それは、勇敢と賢明である」（『ロシア文学史』）。

　人類の進取のために、勇敢は第一の質的な要求である。言論の自由を実行することは、強権による言論の抑圧に抵抗することであり、これそのものは、きわめて強靱な意志と勇敢な精神を必要とする。法律の条文がどんなに明晰であろうと、政治機構がどんなに完備していようと、それらは結局のところ自ら行動をなしえない。それらの唯一の原動力は人々の決心なのである。誰も、権力者（当局者）が皆永遠に権力を正確に運用することを保証できない。そうである以上、言論の自由を保護する唯一の手段は、権力の濫用を企図する権力者（当局者）に、ひとたび、彼らが言論の自由を侵犯すれば、必ずや徹底した抵抗に遭うであろうということを身をもって知らしめることである。これ以外に、我々にとって別の保障はない。法律の条文は、民主を重要視するすべての人々に、一つの集合点を提供し、権力の濫用に対する人々の警戒心を高めるものにすぎない。民主は面倒なこと［麻煩事］なのである。それは、一度苦労すれば後は永久に楽ができるというたぐいのものではない。それは、常に実現を目指して努力し、永遠に保衛する必要があるものである。もし、我々が、言論の自由の侵犯に直面した際、ただ沈黙して公然と反対を

表明しなければ、それは、失敗を黙認しているのに等しい。たとえ、多数の人が言論の自由を理解していない状況下においても、少数の言論の自由の原則を理解している人は、旗幟鮮明に言論の自由の侵犯に対して反対を表明しなければならないのである。このような反対は多数票によって否定されるかもしれない。しかし、このような反対そのものが価値を有することなのであり、他人を奮起させ思索させるのである。それにより、言論の自由の原則の深化を推進し、多かれ少なかれ権力に対して有益な牽制が形成される。このような反対は、主として、権力が言論を鎮圧することの是非に関係するものであり、取締りに直面している言論の内容そのものとは何ら直接的な関係をもたないため、異なる政治的見解を堅持するのに比べて比較的容易になしうる。ただし、いうまでもなく、これもまた勇気を必要とするものである。我々は思い出さなければならない。専制主義者たちは、人民を奴隷のようにこき使うという悪辣な意思・願望［意願］を実現するために、大きな危険を伴う冒険精神を表現して、政権を奪取する。まさか、我々民主を熱愛する人民は、より美しくより正当な信念の鼓舞の下、彼らよりもより強靱な意志の力を表現できないとでもいうのだろうか。世界人民の反ファシスト闘争の勝利、中国人民の２度の「解放」〈訳注15〉のうち、一つとして、勇敢で頑強な闘争と引き換えに得られなかったものはない。魯迅の「絶対的な安全を要求するのであれば、監獄の中こそが最適である」という発言は正しい。アインシュタイン（Albert Einstein）の「もし、ドイツの知識人が、ヒトラーに忠誠を誓うよりも監獄に入ることを望んだのであれば、ドイツの悲劇は繰り返されなかったであろう」という発言も正しい。忍従は、決して万能な一寸逃れでもなく、無為にすごすことにもならないということを歴史は繰り返し証明している。このような教訓をくれぐれも忘れてはならない。

　民主は勇気を必要とするが、同時に、完全に勇気に依拠することも不可能である。ちょうどそれとは反対に、民主を実行するにあたり血を流す必要のない状況下において、初めて民主はより広範な基礎を具えるといえるのである。民主制の価値は、本来、平和的なプロセスを通じて、血を流す代価を支払うことなく、あるいはその代価を最小限のものとして、必要な社会改革を勝

〈訳注15〉２度の「解放」：1949年の中華人民共和国の建国と1976年の「四人組」の打倒を指す。1976年当時、多くの人は、「四人組」が打倒されたことを「第２の解放」と称した。

ちとることにある。それゆえ、民主を実現する過程の中で、賢明もまた同様にきわめて重要である。実際に、厳格な意義における勇敢は、もともと賢明と切り離すことができない。我々は、真理の堅持に勇敢でなければならないだけでなく、真理の堅持に賢明でなければならない。民主の過程の最初の段階において、この意義はとりわけ重大である。このような意義からいえば、我々が真理を堅持し民主を堅持することに賢明であるかどうかが、民主が順調に発展しうるかどうかのカギなのである。

　賢明でなければならないということは、ある次のような原則を探求しなければならないということを意味する。人々は、この原則を理解・把握しうるにあたりいかほどの深奥な知識も必要とせず、この原則を堅持しようとするにあたりいかほどの勇気も必要としない。この原則は、それほどに簡明かつ正確なのである。その結果、絶対多数の人は、彼らのその他の見解に多少の差異があったとしても、この原則について容易に一致して賛同の意思を表示し、この原則を支持していると公に表明することを恐がることもない。同時に、今後の発展に道を開くことができるよう、この原則は、着実に進展するという特性も具えていなければならない。

　ドイツの哲学者のカント（Immanuel Kant）は、「私は、私が信じているものについて、そのすべてをいい表すことができない。しかし、私は、私が信じていないものについてはあえていわない」（ハインリッヒ・ハイネ『ドイツの宗教と哲学の歴史』）と述べた。これは、もちろん英雄的気概ではない。しかし、勇敢は欠如しているが、正直さを失わない人がとりうる立場を表している。通常、人々は、強権を前にして、2種類の選択のみが可能であると考える。自分の命を顧みずに反対するか、それとも強権のいいなりになるかである。実際には、決してそうではない。まさに、絶対的に正しいか、または絶対的に誤っているかという2種類の性質の強権のみが存在するわけではないのと同じである。その意義からいえば、相当数の正直で、善良で、常識を具えているが、必ずしも思想が深遠で、正義を抱いているわけではなく、自ら進んで信念に献身しようとしない人々に、一つの原則的立場を提供し、彼らを民主を擁護する長城とならしめなければならない。彼らを専制の共犯者にしてはならず、また、舞台の下の観客で満足させてもならない。もし、このような原則を発見することができなければ、少数の優秀な人たちの孤軍奮闘は、ただの壮烈な悲劇にすぎないものとなってしまう。民主の実現は、偶然の契機に依

存するだけで、真の荒波には耐えられないにちがいない。

　もし、専制が、人々の弱点を利用するのであれば、民主は、人々の長所を発揚するものでなければならない。そのカギは、一般的な智力と勇気を具える普通の人々に、彼らが容易に了知し、しかも、公に堅持することを恐れない原則、すなわち、最も基本的な原則を提供することにある。この原則は、人々の基本的権利を擁護し、また、民主の発展に洋々たる前途を切り開くことを可能にする。それは、民主全体の基礎でなければならない。そうして、初めて、その上に、民主の膨大な建築物が不断に完備され、それらは永遠に崩壊することもなくなるのである。我々からいわせれば、この原則こそが言論の自由なのである。

　理論的作業はきわめて重要である。その意義は次の２点にある。１つめは、真理を明示することである。真理があって、初めて最も多くの人々の最大の勇気を奮い起こすことができる。２つめは、事物の内在的論理を明示することである。それにより、より多くの人々のより大きな注意を喚起することができる。人々は、１つめしか知らず、２つめを知らない。感情を重んじて、理智を軽んじる。当時を顧みるだけで、将来的展望を欠いている。これらは、彼らが悲劇に陥った重要な原因である。ひとたび、彼らが、言論の自由の真の意義を理解し、言論を罪に問うこと［因言治罪］の必然的結果をはっきりと認識すれば、彼らは、「カマキリが、ヒワに狙われているのも知らずにセミを捕らえようとしている［螳螂捕蝉、黄雀在後］」の比喩の中のカマキリを演じることもないであろうし、大工が自ら作った首かせをはめられる［木匠戴枷］という比喩の中の大工を演じることもないであろう。強権が最初に進攻してきた際に、手足がしびれて感覚がなくなり、消極・従順になるようなこともないであろうし、波瀾を助長したり、強権の道具となるようなこともないであろう。彼らは、最も容易に専制を打ち砕くことができる時に専制を打ち砕き、最も容易に民主を保全できる時に民主を保全するであろう。この過程の中で、堅固、自信、理智および着実の情緒が、徐々に優位を占め、我々は、絶望の心情を軽蔑し、挑戦と努力を奨励し、そして、希望を育むことができるはずである。

15. 選択

　専制主義の硬い氷が打破され、人民が普遍的な歓喜の感情から冷静さを取

り戻した後で、彼らは、自分たちがなんと多くの分岐と面倒［麻煩］に直面しているかということに気づく。もし、人々が、これまで「四人組」の実力を過大に評価していたのであれば、彼らは、後に「四人組」が残したいくつかの困難を過度に低く見積もることになる。思想上の紛糾・混乱は明らかである。これこそが、まさに専制主義者からプレゼントされた最大の遺産なのである。確かに、専制主義の罪悪は、絶対多数の人々の民主に対する憧れをもたらした。しかしながら、専制主義は、結局のところ民主の予科班ではないのである。民主を実現する道程には、依然として、イバラが生い茂るように、幾多の障害や困難が待ち受けている。ある人は、車が走るのが遅すぎると不満をいい、ある人はそれが速すぎると不満をいう。ある人は、誤った道に迷い込むことを心配し、ある人は、後退・回帰を強く主張する。現実が人々に提起する問題は、人々が即時に解決しうる問題よりもはるかに多い。中国は、現在まさに一つの重要な歴史的時期にさしかかっている。知識人は皆このことに疑問を挟まない。歴史は人生のようである。そのカギとなるところは、往々にしてわずか数歩にすぎないのである。

　過去を回顧すれば、若干の重大な問題において、我々は、誤った選択をしてしまい、その結果は、時として破滅的なものであった。いわゆる破滅的なものとは、時間の経過とともに、誤った選択がもたらした損失がますます深刻なものとなっていったということを意味しているだけでなく、そのような誤って選択された構造そのものもますます頑強なものとなっていったということをも意味している。換言すれば、過去の誤った選択は、しばしばこのような奇妙な性質を有している。すなわち、錯誤が深刻であればあるほど、錯誤をもたらした原因も是正しがたくなるということである。その結果は、ほとんど、錯誤が頂点に達するのを待たなければならないというものであった。歴史は、しばしば、身体の向きを変えることができない狭い路地のようである。あなたが、最初の選択の際に十分な注意を払わずに誤った道に迷い込んでしまえば、途中でそれを是正する機会はほとんどない。誤った路地［胡同］を最後まで進んで新しい分岐点にたどり着いて、初めてあなたには再び選択することが許される。例えば、3年前に収束させられたあの大災害（文化大革命）についていえば、その原因は、早くも「反右派闘争」時にその一端が露見していた。この過程の中で、何人かの仁愛・正義の士の努力はこれを転換させるに至らなかった。ここから、我々は、2つの経験・教訓を総括し

なければならない。1つめは、重要な選択の時期においては、衆知を集めて有益な意見を広く吸収しなければならないということである。2つめは、選択の後も、将来の改善の余地を留保するよう努めるということである。そうすれば、歴史は、再び、あのような破滅的な大錯誤を犯す機会を我々に与えることもないであろう。

　この2つの経験は、結局のところ、やはり民主の問題であるといえる。このことは、決して不思議なことではない。民主の優越性は、それが、ある社会を、弾力性に富み、変化に長け、様々な挑戦に適応しやすく、自己調整をなすのに都合がよいものとする点にある。ちょうど、ひとたび、道を間違えれば最終地点までいかなければならないという硬直化現象を回避することができるということである。この一点を考慮すれば、我々は、現在の選択の中で、民主をいかなる地位におくべきかを容易に明確にすることができよう。

16. 民主と現代化の関係

　民主と現代化は、結局のところいかなる関係にあるのだろうか。現在、多くの同志は、「民主がなければ現代化もない」と考えている。我々は、この論断に大いに賛同する。なぜなら、それは正しいからである。実践の中から浅薄に考察すれば、このスローガンは、確かに良好な作用を発揮する。それは、よりよい日々を送りたいと考える人たちに、民主を健全なものとする必要について注意を喚起するであろう。しかしながら、我々が、もし、理論上から厳格に推敲すれば、このような論法には、いくつかの検討すべきところがある。この点を明らかにしなければ、若干の隠れた危険を残してしまうことになるかもしれない。実際に、我々は、人民によるさらなる民主の呼びかけに対して、一部の人がこれに反対する意見をもっていることを知っている。彼らは、必ずしも真に言論の自由を実行することに賛同してはいない。彼らの狙うところは国家の富強である。したがって、我々は、この問題について、簡単ではあるが討論をなす必要がある。

　確かに、「四人組」の封建専制下において、現代化は絶対に実現不可能であった。ただし、注意すべきは、「四人組」タイプの専制主義は、最も極端な専制主義の一種に属していただけでなく、最も粗雑で低能率の一種にも属していたということである。歴史は、我々に、さほど極端ではなく比較的効率的な専制類型が存在すること、さらには、極端ではあるがなお効率を具える

専制類型も存在していることを教えている。これらのタイプの専制下において、現代化の実現は決して不可能ではなく、多くの人によりそうした形の現代化はより簡便かつ有効であると認識されている。明治維新期の日本、鉄血宰相ビスマルク統治下のドイツは、先進国家として崛起する過程の中で、民主に富んだ制度に依拠したわけではなかった。ヒトラーの第三帝国は、間違いなく歴史上最も極端な専制政権の一つであるが、この政権は、短期間で十分な経済的実力を蓄えるに至った。現在のソ連は、多くの方面から衡量すれば、すでに現代化していると考えるべきであるが、その政治を民主と称することは困難である。ソ連の思想・文化界の状況は、これを「四人組」束縛[禁錮]下の中国の思想・文化界と比較すれば、確かにより開明的であるが、言論の自由を物差しとすれば、そこにおける状況は明らかに怪しいものである。他方において、インドの民主は、少なくともナチスドイツより広範である。しかし、インドは、いまだ自らの経済的力量を十分なレベルにまで発展させていない。これら事例は、必ずしも普遍的ではないが、我々が真摯に検討するに値するものである。

　事実、ある人は、公にまたはひそかに、専制は民主に比べてより望ましいと考えている。とりわけ、経済が立ち後れた国家を迅速に発展させる離陸過程の中で、一握りの強靭強力で、将来的な見通しに富み、大権を掌握する指導者は、「羊たちの群れを牧場に追いやって囲い込む」という専制手段を用いて、自ら真実の利益の所在を理解していない生きとし生けるもの（下々の一般大衆）の無制限の要求や絶えず変化する意見に耳を傾けるという民主的な手段を用いる場合よりも、より直截的な成功を得ている。つまり、専制は民主と比べてより効率的であると彼らはいうのである。このような見解は、かつて非常に流行した。中国の長期にわたる民主建設に対する軽視は、間違いなくこのような見解と大いに関係している。近代史を研究する同志は、「この百年来の中国人民の民主革命の過程の中で、民主・自由を要求する呼びかけは、いつも富国強兵を要求する呼びかけにかき消されてきた」と指摘する。このような状況を作り出した原因は様々であるが、このような状況がもたらした結果はただ一つである。すなわち、民主・自由に到達できなかっただけでなく、富国強兵も実現できなかったということである。このような状況をもたらした原因およびその効果について、さらに考察することが必要である。

まず、中国において、改革の思潮が全国を席巻し、官民の呼応をもたらしたのは、国力の衰微という目の前に存在する人々が逃れられない直接的現実に基づいている。一連の専制的な統治方法は、それが経済を大混乱に陥れた時に、初めて改革を拒絶できなくなる。それゆえ、改革勢力の中では、その共通点は国家の富強を図るという一点にすぎず、その中の一部分の人は、民主の理想を抱いていないのである。

　次に、多くの知識人は、政治上の非民主が経済の貧弱をもたらす原因であることを認識しており、政治の革新を強く要求しているが、どのように革新するかという点において、戦略的な見通しに富んだ一致した意見を有していない。この一点は致命的であるかもしれない。改革の風は、最初は重い障害を突き破り大勢を獲得する。本来、それは、成功を可能とする十分な力量を具えているはずである。しかしながら、これらの改革は、夭折・流産するか、竜頭蛇尾に終わってしまい、それにより、前進の形勢は失われてしまう。これは、明らかに、人々が採用した計画や措置と大いに関係している。そして、最終的には、多くの民主を愛好する改革派でさえ、富国を民主の先におき、民主の強化と発展を経済発展の後におくべきであると考えるようになり、その結果、民主の停滞がもたらされるのである。

　ここからわかるように、民主と現代化の関係を真に明確にすることは、きわめて重要かつ複雑な課題なのである。

　我々は、歴史上、非民主で現代化を達成した事例が存在したことを否定できない。しかしながら、このような現象に対して、我々は、以下の２つの方面から批判を提起したい。

　①専制がもたらす経済発展は苦痛を伴うものである。なぜなら、それは、必ずや残酷な迫害を伴うからである。専制がもたらす経済発展はいびつなものである。なぜなら、それは、常に虚栄のために繁栄を犠牲にする傾向にあるからである。専制がもたらす経済発展は短期的である。なぜなら、それは、人々の創造精神を結集するのに不利だからである。それは、有効な自己調節を欠如させており、それゆえ、最終的には、日増しにますます異化した専制メカニズムを強化することになる。このような発展方式の究極の結果が軍事強国の建設である。そこでは、人民の物質的および精神的生活は、まったくの非対称のレベルにおかれる。それは、必然的に、日一日と深刻化する停滞と腐敗、または、対外的冒険（戦争）の採用、もしくは、虚構の維持の強制を

招き、最終的には、真の民主も真の富国も実現しえなくなってしまう。歴史上、専制手段に依存して発展しようとしている国は、すべて、たとえ、それが成功したとしても、このような最終的な命運から逃れられないのである。今日、この規律は、依然としてその作用を発揮しており、しかも、その運行周期を短縮している。専制に依拠して経済の離陸を図るという人を惑わす時代は、すでに過去のものとなったのである。専制が効率を創造しうるという神話は、すでに破綻したのである。道理で、今日、このようなやり方を賛美する人が、過去に比べて激減したわけだ。

②もう一つ、はっきりさせなければならない問題がある。人類は、経済の発展のみを追求するのであろうか、それとも、その他の、さらにはより高い要求が存在するのであろうか。民主は、生産を促進するという利点があるだけでなく、それ自身に価値がある。人の尊厳、人の権利、人間性の調和のとれた自由な発展は、決してただの空論ではない。それゆえ、民主を放棄する代わりに経済の進歩を得るということは、必ずやきわめて大きな害悪を残すことになろう。

指摘すべきことは、多くの人が、民主そのものの価値を過小評価し、さらにはそれを否認することに慣れてしまっているために、ある状況下において、民主を経済を刺激するための手段として用いてもかまわないと考えていることである。このことは、中国の政治生活の中で一つの奇妙な現象をもたらしている。すなわち、経済が困難な時期において、民主は比較的多く論じられるが、ひとたび、経済が回復すれば、「左」の思潮が騒々しくなり始め、民主は再び冷遇されるか不運に見舞われるということである。多くの人は、民主を便宜上の措置、度を超えた悪辣な専制に有限的な是正を加えるためのものとみなしているにすぎない。中華人民共和国建国から「四人組」打倒の20余年を回顧すれば、意外にも、専制の色彩はますます濃くなっている。このことは、おそらく、民主が多く論じられたか少なく論じられたかという問題にとどまらない。それは、多くの同志の民主に対する評価がなんと不当なものであるかを表しているのではないだろうか。

民主は一つの過程である。民主の実現の程度と生産力の発展の程度は、きわめて密接な関係を有している。これらのことはすべて否定できないことである。しかしながら、我々は、機械論は回避しなければならない。もしかすると、一定の経済レベルにおいて、両者を対応させるよりも、むしろ唯一の政

治形式が存在するのかもしれない。多くの賢明な人は、中国の現在の生産力のレベルに鑑みれば、現有の民主はすでに相当完備したものであり、それゆえ、さらなる民主の要求は時宜にかなっておらず、当面の急務は、腰を据えて「4つの現代化」を進めることである等と述べる。我々は、この結論はいささか軽率にすぎないかと感じている。

歴史上からみれば、最も早く民主制の形式を確立した国家は、すべて、その当初の生産力のレベルはなお未発達であった。そこにおける工業革命は、すべて、民主制の確立の後に発生したものであり、その前ではなかった。これとは逆に、工業化を実現した国家の多くは、依然として専制の形式を保持し続けており、そこにおける専制の形式は、工業化により弱められることがないばかりか、工業化の力量にかこつけて、ますます強固なものになっている。社会主義類型の国家だけを例にとってみても、発展途上国に属するユーゴスラビアは、超大国ソ連よりも民主的である。ソ連自身を例にとってみても、レーニンの指導下にあり、経済がきわめて立ち後れていた初期のソ連は、今日のソ連と比べて、その民主はより広範であった。したがって、我々は、今日の中国の民主が、すでに、現実の生産力の水準が許容しうる最大限にまで到達しているということを認定するにあたり十分な根拠を有していない。それだけでなく、経済が発展すればするほど、民主が拡大し、専制が縮小していくということを確信するにあたり十分な根拠も有していない。

一定の経済水準は、政治の変化の上限と下限を決定づける。与えられた区間の中で、選択は依然としてきわめて重要である。政治的な非民主の要素は、経済の増長を通じて常に自動的に克服されるとは限らない。逆に、経済の成功は、時として、政治的な非民主の要素を隠蔽し、さらには、それらをひそかに強化する可能性がある。一定の経済レベルにおいては、民主も専制も存在しうるし、経済発展が専制を克服し政治的民主を実現させるとは限らない。この2つの点を考慮すれば、我々は、句点を読点に改めて、思考をさらに継続しなければならない。

17. 前節の続き——順序の問題について

それでは、中国の現在の経済的・文化的状況の下で、現代化と民主の関係をどのように処理すべきであろうか。我々が、必要な社会的制御を実行するだけでなく、十分に個人の自発性の発揮を奨励することをどのように保証す

べきであろうか。これは、きわめて複雑な課題である。認識しておくべきことは、無能な民主制は、開明的な専制と比較して決してよりよいものではないということ、無政府状態とファシスト独裁は同様に悪いものであるということである。ユーゴスラビア社会主義の政治・経済状況を研究する学者は、「20世紀の一大問題は、社会主義と民主との関係をうまく処理することである」と述べている。この論法は考慮に値するかもしれない。とりわけ、現在我々はまさに深刻な改革を進めており、それは、おそらく、平時よりもより強力な集中的権力を要請している。加えて、国家全体が、まるで、大病が治癒したばかりの時のように、大きな動揺・動乱に耐えられない状態にある。これらの一切により、我々は、民主をいかに推進するかにあたり、より綿密な考慮をなさざるをえないのである。

　とはいっても、民主はやはり実行しなければならない。さもなければ、我々は、また持病が再発し、歴史の教訓のすべてを忘れてしまう。覆轍を踏まないために、その活路は、確実に民主を強化することである。我々は、性急に事を進めてはならないし、完全を求めてもならない。しかし、我々は、民主のために不敗の地に立つ基礎を確立し、民主の大勢が日に日に勢いを増し、前進の趨勢が永久に失われないよう保証しなければならない。このことは、人民にいかなる権力も剥奪できない政治的権利――何よりもまず、言論の自由――を真に享有させることを要求する。これが、最低限かつ最も基本的な権利である。一部の人が、どんなに厳格な紀律を好んでも、どんなに行為の一致を喜んでも、どんなに地方または個人に自由に事を進める機会を与えることを望まなくても、彼らは、言論の自由に反対する理由を有していない。なぜなら、言論の自由そのものは、いかなる正当な理由を有する（たとえ、その理由が全面的でなくても）集中、計画、紀律、法制とも決して矛盾しないからである。言論上の忌み嫌うことなくしゃべることと行為上の法律・紀律の強化は、それらを同時に行っても互いに矛盾しない。ちょうど、「四人組」統治下の中国において、言論上まったく自由がなかったことと実際の事務において無政府状態だったこととが同時に存在しえたのと同じである。したがって、言論の自由を否認しうるいかなる根拠も存在しないのである。換言すれば、中国の命運に関心をもつすべての人は、その他の分野において多少の意見の分岐があろうとも、言論の自由の問題においては、統一した認識をもたなければならないのである。

これまで、我々は、民主を漸次推進するという面において、あまり大きな成功を収めたとはいえない。民主の拡大を趣旨とする運動は何度となく繰り返されてきたが、その結末は民主を縮小するものであり、終点は意外にも起点のさらに後ろであった。その間の原因を玩味しなければならない。我々からみれば、それは、何よりもまず、民主の拡大の後にもたらされるであろう面倒［麻煩］について事前に見通しが不足していたことにある。我々は、いつも、以前の時期に民主が少なすぎたことによって様々な弊害がもたらされたことに鑑みて、民主を拡大しようとした。ところが、ひとたび、民主を拡大したところ、数多くの面倒［麻煩］も生じた。このような状況は、ちょうど、長い間病気をしていた人が、身体が虚弱であるために病気をするのだと感じたことだけをもって、身体の鍛錬を決意し、その結果、ちょっとばかり鍛錬したところ、かえって多くの耐えがたい反応が生じてしまったことと似ている。事前にある程度の見通しを立てられるとはいっても、ひとたび、反応が次から次へと現れると、やはり動揺・畏怖せずにはいられない。様々な事情に臨機応変に対応するために講じる便宜上の措置により、しばしば民主は傍らにおかれてしまった。ここでより重要な原因は、おそらく順序の点にあるのだろう。どのような「放（緩和）」の措置をとりうるのかを事前に判断することは困難であり、ひとたび、民主を実行したことにより突然発生する大量の反応に直面して、人々は、どれが正常な反応で、どれが不正常な反応であるのかをはっきりと把握することができない。そのため、どの措置が断固として堅持すべきもので、どの措置が適当な修正を加えさらには撤回すべきものかを確定することができないのである。まさに、鍛錬に参加する人が、自らはそれを継続すべきなのか、あるいは運動量を減らすべきなのか、わからないでいるのと同じである。その人は、もしかすると、生まれつきに体質が虚弱であるため、鍛錬をせずに、家で静養することこそが、最もよい方法であるかもしれない。このように、元来強大な民主の潮流は、分裂を生み出す可能性があるのである。ある人は、民主がいまだ少なすぎることにより面倒［麻煩］がもたらされると考え、またある人は、民主がすでに多すぎることにより面倒［麻煩］がもたらされると考える。本来、民主をあまり好まないグループの意見が、自然と騒々しいものとなり、このような局面の下で、伝統的な思想が往々にして優位に立つ。道理はきわめて簡単である。すなわち、「放（緩和）」を継続し、さらにそれを進めることについて、多くの人は自信

をもてない。それがいかなる局面をもたらすか誰もわからない。これに対して、「放（緩和）」の措置を従来の軌道に戻すこと、あるいはその大部分を従来の軌道に戻すことは、理想的な方途ではないけれども、それについて過去の経験は存在し、少なくとも、予測可能・制御可能な安心感がある。もし、一部の同志が、すでに獲得した勝利を顧みずに、これを強固なものにすることなく、ただひたすらに、前へ向かって突進し続けるのであれば、多くの同志は、逆に、現実の面倒［麻煩］を目の前にして、大またで後退を始めるであろう。それにより、守りきらなければならず、また守りきれるはずの陣地さえも喪失してしまう。その結果、民主の勢いは寸断され、古い伝統的勢力が再び深く根を下ろし、人々は希望破滅の喪失感を味わうことになる。まさに、過去の教訓に鑑みれば、我々は、方向を確定した後、その順序こそが事の成否を握るカギであるということを意識せざるをえない。我々からいわせれば、言論の自由こそが、全体の過程における第一歩なのである。より多くの同志が、その第一歩の作業を確実なものとするために尽力しさえすれば、我々は、中国が元の位置を堂めぐりするだけの歴史の回流を突き破り、広大な未来へ着実に漕ぎ出す姿を十分にイメージすることができるはずである。

18. 改革と権力の制限

　深刻な改革を進めるためには、権力を掌握しなければならない。ただし、もし、その改革を真に確実に成功させようとするのであれば、独立した活力をも有していなければならない。すなわち、権力を喪失した際にも、なお改革の発展が可能でなければならない。権力を喪失した後、再び力を蓄えて権力を創造するために、少なくとも、自らの安全を保持しうるようにしておかなければならない。とりわけ、旧伝統がきわめて長く続き、保守勢力がきわめて頑強なところにおいては、改革勢力が、もし、権力の庇護を必要としなくてもなお生存・発展しうる独立自主の力量を具えていなければ、改革は、ほとんどの場合、おそらく失敗に終わるであろう。したがって、改革を志す者は、その大規模な改革に付与される現実の権力の擁護に尽力するのはもちろんのこと、同時に、自らのために確実な根拠地を構築することにも注意を払っておかなければならない。権力の有効な機能を強化すると同時に、権力の濫用を防止するために、必要な制限をも設けなければならない。この意義において、我々は次のようにいわなければならない。改革が成功するかどう

かのメルクマールは、改革派が権力の庇護を受けることなく存在・発展することができるかどうかという点にある。このような状況が実現して、初めて、たとえ、改革に賛同せず現代化に賛同しない人が、大権を掌握しても、彼らは、改革の生命力を扼殺することはできず、逆に、改革の勢力は、正常な手続を通じて、不正常・特殊な手段をとることなく再び前進することができるのである。

このことは、人々が、改革を進める際に、常に自らに向けて以下のような問題を提起しなければならないことを要求している。もし、権力を掌握した者が正しい路線に背離したらどうするのか。もし、権力が悪人に窃取されたらどうするのか。権力がないことは必ずしも方法がないことを意味するわけではない。ちょうど、権力があることが必ずしも方法があることを意味しないのと同じである。もし、我々が、深刻で、かつ簡単になしうるわけではない改革の成功を指導者の正確性および権力の理想的な運用の上にかからしめるのであれば、それは、きわめて危ういものであり、一切を偶然性の上に構築するものなのである。

韓非子は、「聖人が国を治めるにあたっては、人が私（聖人・君主）のために善良であってくれることを当てにせず、人が悪事をなしえない方法をとる［夫聖人治国、不恃人之為吾善也、而用其不得為非也］」（『韓非子・顕学』）という。この言葉を君主本位の立場から人民本位の立場へと転じてみれば、それはなおきわめて価値のあるものである。梁啓超は、「仁政（すなわち、人治を指す—引用者）を論じる者は、ただ統治者がどうあるべきかのみを論じ、統治者に必ずなすべきことをさせるにあたりまったく無策である」（「論政府与人民之権限」）と指摘する。この批判もきわめて深刻である。もし、我々が、指導者はどうあるべきかということのみを論じ、指導者がこうするべきでああすべきではないことを保証するために実際の措置を講じることをしなければ、指導者のあり方についての論評はまったく意味のないものとなるのである。

近代史上最も成功した改革は、イギリスの1688年のいわゆる「名誉革命」であるといえる。もし、フランス大革命が失敗の革命の一つであるというのであれば、イギリスの1688年の妥協は成功の妥協の一つであるといえよう。当時のイギリスのブルジョア階級がいまだ十分かつ強大な実力を具えていなかったことに鑑みれば、改革が獲得しえたものは、当時のブルジョア階級の

実力に相応する最大限度に到達していた。この業績は、表面上からみれば、顕著なものであるとはいえないが、きわめて着実なものであった。以後のイギリスの政治・経済の直線的な発展およびイギリス国内の300年の長きにわたる安定は、この変革の成功をはっきりと示している。そして、それは、大革命の後、長期にわたり動揺・起伏の激しかったフランス、ピョートル１世の改革後のロシア、明治維新後の日本、ビスマルク後のドイツと比べて、明らかに優越性を具えていた。この改革の一般のものとは異なる特徴は、それが、強烈な民主の色彩を具え、他に依存することなく、また、独裁・専制をもたらさなかったという点にある。その中できわめて重要な点は、それが、権力に必要な制限を加えることに終始注意を払っていたことである。1689年の「権利の章典」および1701年の「王位継承法」は、臣民の、一見したところきわめて平凡だが実際には最も基本的な不可侵の政治的権利を明確に肯定していた。その中には、言論の自由も含まれていた。それ以降、イギリスでは、若干の無能または貪欲な君主は現れたものの、また、保守的さらには反動的な党派が議会を支配したことはあったものの、彼らは、結局のところ、イギリスのブルジョア階級の政治・経済の活気あふれる発展の趨勢を改変させることができなかった（もちろん、資本主義が独占、すなわち帝国主義の段階へと向かうに従って、ブルジョア階級は、全面反動の階級となるが、これはまた別の問題である）。

　将来的な見通しを欠くところでは、国家は必ず滅亡する。改革を進める人々が、自らその改革を推進する権力に対して必要な制限を加えること、これが、将来まで見通した卓識を要する措置なのである。我々が誠実に擁護する権力に対して、監督をする必要があるのか。批判してもかまわないのか。その権力の濫用を防止すべきなのか。これらは、間違いなく、我々の政治的見識に対する評定であり、また、我々の政治的資質に対する試練でもあるのである。左傾思潮が長期にわたって流行したのは、多くの人の投機的心理と切り離すことができない。一部の人は、わざと度が過ぎた、原則を超えた左の立場をとった。原則を超えないということは、一頭地を抜き、周囲の関心を集めるには不十分であり、度が過ぎないということは、立場が確固不動であり愛憎がはっきりしていることを顕示するには不十分であった。このような安っぽいみせかけだけのポーズをとるというやり方で、温厚な人を脅し、誠実な人を攻撃し、正直な人を誣告したのである。歴史の事実は、ある政権

が自己の地位を確立した後、それにとって最も危険な敵は必然的に上述したようなたぐいの人から現れるということを少しの例外もなく証明している。公に現れ、法を遵守する政治上の反対派は、そのような人に比べてより有用である。このような「最も革命的な」面貌をもって出現した人たちの攻勢を前にして、後ろに退いて、原則の遵守を放棄し、法制の貫徹を放棄することは、自業自得の政策に他ならない。レーニンは、原則的な政策こそが唯一正確な政策である、という有名な論断を残している。我々は、この点を高度に重視しなければならない。

　一部の同志は、権力の制限は権力の弱体化であり、民主を多くすれば集中が少なくなるという思考に慣れてしまっている。これは、片面的な形而上学の見解である。人は世の中で万能の権力を有することは不可能である。いかなる権力も必ず思うに任せないところがある。こちらを顧慮すれば、あちらが失われる。権力を制限することは、厳格にいえば、権力の行使範囲を明確にすることなのである。もちろん、それにより、ある範囲の外に対する権力の影響は減少するかもしれないが、それは、かえって、その範囲内における権力の機能を強化することになるかもしれない。換言すれば、賢明に制限された権力は、常により有効な権力なのである。

　この道理は、決して複雑なものではないが、きわめて重要なものである。刑罰を例にとれば、刑罰が過度に苛烈である場合、人々は、それに対して、ただ恐怖心を抱くだけで、羞恥心は抱かないであろう。とすれば、このような刑罰は、もはや数日も維持しえない。「反革命」の帽子をむやみやたらにかぶせれば、とりわけ多くの善人に「反革命」の帽子をかぶせれば、しまいには真の反革命もさほど臭わなくなってしまう。もし、権力が、自らが有限であることを忘れてしまえば、もし、政権が、ただ自己の好き嫌いのみに基づいて、抑圧すべきでないまたはその必要がない事物に対して、権力を行使すれば、必然的に、本当に抑圧しなければならない事物を抑圧する際に、一般大衆や官吏の意識的な支持を得られなくなり、命令があっても執行できず、禁止しても効果がないという状況に陥ってしまうことになる。しかしながら、より深刻なことは、このような命令があっても執行できず、禁止しても効果がないという局面は、しばしば、権力者（当局者）に誤った結論を導かせることである。すなわち、彼らは、このような局面は法律・紀律が弛緩し、民主が多すぎることによりもたらされたものであると考えるのである。その結果、権力

の濫用はいっそうひどくなり、悪性の循環が形成されるのである。権力は、もし、真に必要な場合に出現すれば、人々はそれを擁護しそれに協力するであろう。しかしながら、それが、人々が余計でありさらには有害であると感じたところに出現すれば、人々はそれに抵抗するであろう。少なくとも、それにいい加減に対応し、それを欺き、様々な消極的手段を用いて、それを摩耗するであろう。問題は次の点にある。すなわち、権力が、歓迎されないところに出現し続ければ、人々は、それらソフトなやり方をそれが出現する一切の場合に応用するであろう。そこには、権力が真に必要とされる場合も含まれる。その結果、権力は、表面上一切を制御しているようにみえても、実際には、何も真に制御していないという状況が生まれる。まるで、車輪が正常に動いているようにみえても、車はまったく前進せず、車輪はその場所で空回りしているにすぎず、エネルギーだけが「内部消耗」しているようなものである。

　スピノザ（Baruch de Spinoza）は、言論を罪に問うこと［因言治罪］の実行は、悪人や愚か者の心理に対しては何の影響も与えず、心根の優しい人、正直真摯な人に対してのみ影響を有する、と早くに指摘している（『神学・政治論』）。これは確かに事実である。公事にかこつけて私腹を肥やし、機に乗じて巧妙な手段をもって事を運び、怠惰で活気がなく、狡猾で世渡り上手で、愚昧で感覚が麻痺している人たちは、指導者の好みに合わない意見を発表しようとはしないだろう。彼らは、臨機応変の万全の策をもって、あなたがいかなる観点をもってこようと、口先ではそれを支持するが、行動においては、何かをせしめることができるのであればそれをせしめ、うまく立ち回ることができるのであればうまく立ち回り、身をかわすことができるのであれば身をかわし、実際に何も方法がなければいい加減に対応するであろう。言論を罪に問うこと［因言治罪］を用いてこれらの人を懲らしめることを企図しても、その法律・紀律はまったく効果がない。正直真摯な人たちだけが、言論を罪に問うこと［因言治罪］の打撃を受け、心根の優しい人たちだけが、憤懣・不平を蓄積させるのである。ひとたび、善人がつらい目に遭えば、人々は、ますます法律・紀律を軽視し、法律・紀律に対抗することをもって勇敢とし、法律・紀律の拘束を回避することをもって機智とし、すきに乗じることを楽しみとみなし、規律を遵守することを無能とみなすであろう。このことは、すべて権力の濫用が必然的にもたらす結果なのである。権力に対して必要な

制限を加えないことは、悪性の機能衰退をもたらすだけなのである。

　結論はきわめてはっきりしている。権力の濫用・変質を防止し、同時に、権力にそのあるべき職能をより有効に発揮させるために、我々は、権力の行使の範囲を明確にしなければならない。その中の最低限のラインは、言論の自由が侵犯を受けないことを確認することである。一部の人は、法律・紀律・治安の強化を提起する場合、何よりもまず、異なる意見の鎮圧に思いをめぐらせ、「信」を放棄して、「威」を増加させようとする。このようなやり方は、たとえ、一時的な効果はあったとしても、きわめて大きな禍根をも残すことになる。権力に必要な制限を加えることと権力にその作用を有効に発揮させることとが相互補完の関係に立つことを我々が認識しない限り、我々は、必ずや形而上学の犠牲となってしまうであろう。

19. 言論の自由の原則を人心に深く根づかせなければならない

　我々は、ここまで非常に多くの言葉を用いてきたが、それらが意味するところはただ一点、すなわち、真の言論の自由を実現しなければならず、言論の自由の原則を人心に深く根づかせなければならないということである。人々の民主に対する理解にどれほどの分岐があろうと、人々が民主の実行に対してどれほど慎重で、かつそれを懸念していようと、人々がその他の分野において何らかの異なる観点を有していようと、言論の自由を実現するという一点において、皆はいかなる疑義ももちえないはずである。読者は、我々の論拠の一つ一つに賛同する必要はないけれども、言論の自由という総論点についてはぜひ支持をしてほしい。現在、最も重要な作業は、言論の自由を深くたゆまずに解明し、真にそれを中国人民の心の中に根づかせることなのである。

　この数年を回顧すれば、中国の言論束縛［禁錮］は、その深刻さ、その広範さ、さらにはその苛烈さを問わず、聞く人をぞっとさせる程度にまで達するものであった。政治であろうと科学であろうと、公の会議であろうと私人としての生活であろうと、およそ人々の言論が関わりうる一切の内容の中で、審査・処罰の対象にならなかったものがかつてあったであろうか。白髪の老人から幼い子どもに至るまで、国内外に名声をとどろかせている学者から一つも字を知らない農民に至るまで、およそ口をもち話ができるすべての人々のうち、誰が言論を罪に問うこと［因言治罪］の魔手から逃れられた

であろうか。多種多様で変化に富み、次々と形を変えて現れる独裁［専政］は、裁判所の死刑判決の公開宣告に至るまで、およそ人々の肉体と精神を破壊しうるすべての手段を用いた。これらの手段のうち、ちょっと話をしたにすぎない人々に対して用いられなかったものがあったであろうか。もし、誰かが、これら年月における言論を罪に問われた延べ人数を統計すれば、おそらくそれは驚くべき数字になるにちがいない。愚行も災難も、すでに頂点に達した。受難者は思考し、思考した人はまた横暴な抑圧に遭った。普遍的な迫害は新たな和解をもたらし、普遍的な軟弱は新たな力量を形成し、普遍的な悲観は新たな楽観を創出し、普遍的な絶望は新たな希望を喚起した。空前の歴史的後退は、真の歴史的進歩のために、空前の機会を提供している。それゆえ、我々は次のようにいうことができる。言論を罪に問うこと［因言治罪］、「思想罪」、「文字獄」といった血生臭い専制主義の政策は、すでにその最後の幕を閉じ、それらは、すでに、中国人民の心の中で、とりわけ若い世代の中で、徹底的に破綻したのである、と。プレハーノフ（Georgij Valentinovich Plekhanov）は、弁証法に基づき、歴史の対立原理を提起し、我々が人民の社会的真理を観察し、大衆の共通情緒を推測するにあたり、科学的な手がかりを指摘した。今日の中国人は、あのような大災害から抜け出したばかりであり、傷痕・血痕はなお残っている。専制に対しては強い痛憤を抱いており、民主に対しては熱烈な希求を抱いている。言論を罪に問う［因言治罪］というファシスト的手段に対しては、きわめて大きな義憤と敏感性を抱いている。幸いなことは、人々は盲目的に楽観しておらず、今後長きにわたり繁栄した時代が訪れるとは思っていないということである。このことは、彼らに警戒心を保持させ続けるのに十分である。

　そう、盲目的に楽観してはならない。周密な理論的思考をもって、最悪の可能性を考慮しなければならない。歴史は機会を欠如させることはないが、現実の中で、しばしば機会を認識する人を欠如させる。人々が奮闘しない限り、いかなることも実現されえない。我々が事物の根本をしっかりと把握しない限り、進歩が常に後退を打ち負かすとは限らない。もし、我々が実現したいと考えることが多すぎれば、力の分散を招き、何も成し遂げられないかもしれない。さらに、もし、我々が全力でたゆまずに努力し続けなければ、本来なしうることも十分になしえないかもしれない。言論の自由を深く解明することは、人々が想像するほど簡単なものではなく、多大な体力・気力を費

やすに値しないというものではない。また、それは、人々が想像するほど複雑なものでもなく、根本的に実現不可能というものでもない。国家の前途・命運に関心をもつすべての知識人が、言論の自由という問題について、より大きな関心を払うよう、我々は強く希望する。

20. 「ここがロドスだ、ここで跳べ」

　長期にわたって、我々は、苦痛の中で思索してきた。社会主義社会の民主の問題を思索し、とりわけ、「言論の自由」の問題を思考してきた。我々は、いかなる科学研究を進めるにあたっても欠くことができない真摯な態度をもって、この問題の一切の分野について思考に努めてきた。思考の中で、我々は、自らの様々な幼稚さや偏見を清算した。研究の中で、我々は、人を不快にする反面論拠を避けて通るようなことをしなかった。これまで論じてきたことを総括すれば、我々は次のような結論を導き出すことができる。我々は、言論の自由を実行することが民主を実行するにあたっての最も基本的なメルクマールであることを深く信じる。中国の社会主義的民主を健全なものとしこれを発展させる際に、言論の自由は最重要・最優先の地位におかれなければならない。言論の自由を実行する根本的道程は、その意義［含義］と価値を深く全面的に解明し、たゆむことなく、これを人心に深く根づかせるということにある。これ以外に、別の道はない。形勢は常に変化し、客観的現実には多くの複雑・困難な点が存在する。我々は、その他の多くの分野においては、より穏健で、より慎重な措置をとることができるし、またとるべきである。しかし、言論の自由に対する信念を決して動揺させてはならない。

　プロレタリア階級が政権を奪取して30年近くが経った後で、再び、言論の自由という古典的な問題が提起された。このことは、何ら不思議なことではない。プロレタリア階級革命とは、まさにマルクスが指摘したとおりである。「たえず自分自身を批判し、進みながらたえず立ち止まり、すでに成し遂げられたと思えたものに立ち戻っては、もう一度新しくやり直す。自分が初めに意図したところの中途半端さ、弱さ、けちくささを、情け容赦なく徹底的に嘲笑する。この『革命』が敵を投げ倒しても、その敵は大地から新しい力を吸いとって、前よりも巨大な姿となって起き上がり、『革命』に歯向かってくる結果としかならないようにみえる。この『革命』は、自分の立てた目標が茫漠として巨大なことに驚いて、絶えず繰り返し後戻りするが、ついに、絶対に

後戻りできない情勢が作り出された時、諸関係自身がこう叫ぶのである。『ここがロドスだ、ここで跳べ。ここにバラがある、ここで踊れ』」(『ルイ・ボナパルトのブリュメール18日』)。

結語

　読書について論じた際に、ナポレオン (Napoleon Bonaparte) は、覚えておかなければならないものは覚えておかなければならず、忘れなければならないものは忘れてしまわなければならない、と述べたことがある。過去の歴史に向き合う時も、おそらくそれと同じであろう。個人の恩讐は忘れてもかまわない。しかし、血と涙と引き換えに得られた教訓はしっかりと心に刻み込んでおかなければならない。

　我々の理想は、我々の粘り強くたゆまぬ努力を通じて、言論の自由の原則が人心に深く浸透し、中国に深く根を下ろすことである。我々の子々孫々の代は、このような大地の上で生活を営むべきである。彼らは、自由に考え、自由に話し、自由に文章を執筆することができる。その時、彼らは不思議に思うかもしれない。どうして、ただ単に一言二言話しただけで死に至るような身の危険を招く、そのような時代があったのか、と。

1975年7月　第1稿
1979年3月　第4稿
1980年6月　第5稿

言論の自由は第一の人権である

第1章　公に平和的に追悼をする権利

　「六四」の過去からちょうど12年になる。今日、我々は、中国国外において、追悼活動を挙行し、「六四」の犠牲者を哀悼した。知っておいてほしい。今日に至るまで、12年後の今日に至るまで、中国大陸において、人々は、いまだ公にこのような追悼活動を挙行することができないのである。

　昨年の「六四」の前夜、「中国人権」〈訳注1〉は、署名を広く募るアピール書を発表した。アピール書の名称は「天安門の母 [天安門母親]」であり、アピール書の第1条は、公に平和的に追悼活動を挙行する権利を要求している。注意すべきは、それが、公に、かつ平和的に、追悼活動を挙行する権利であるということである。これはどのような権利なのであろうか。世界上、人権に関する文献や資料をくまなく調べてみても、誰もこのような「公に平和的に追悼をする権利」を提起していない。もちろん、これは、人々がこのような権利を享有すべきでないといっているのではない。ただ、このような権利が、あまりに、単純すぎて、基本的すぎて、最低限すぎて、理の当然で、疑問とならないからなのである。どうして、家族のために声を出して泣くことさえ許さないような政権が存在するのか、一般人は絶対に想像できないだろう。いわんや、当局自身も、「六四」事件の死傷者はすべてが「暴徒」ではないと認めているのである。あの「難得糊塗（愚かであることを装うのは難しい）」と記した清代の文人・鄭板橋でさえ、「まさか、神さまが恨みごとをいう口をふさぎ、嘆き声を出すことさえ許さないなんてことがあるだろうか」（「沁園春・

〈訳注1〉「中国人権」：1989年3月に中国の科学者と学者によって設立された国際的な人権NGO。中国の人権水準の引き上げ、人権観念の普及、人権の制度的保障の充実、「世界人権宣言」の中の各種権利の中国における十分な実現等をその使命として掲げる。現在、ニューヨークに本部をおき、香港に事務所を構えている。

恨」）といったことがある。2000年以上前に暴虐をきわめた秦王朝の時でさえ、孟姜女が万里の長城で泣いた故事が残っている。しかしながら、中国共産党の統治下においては、「六四」の過去から12年経った後でも、人々は、「六四」の犠牲者のために公の平和的な追悼を挙行することができない。このような政権は、なんと横暴で、また、なんと虚弱であることか。

　それでも、中国共産党当局は、中国の人権状況には大きな改善がみられ、今日の中国は、歴史上、とりわけ近代百年の歴史上、その人権状況が最も良好な時期にある、と対外的に宣伝している。それならば、我々は歴史をひもといてみよう。中国の中学の国語教科書には、魯迅の「劉和珍君を紀念して」という文章が収められている。それが論じているのは、有名な「三一八虐殺事件」である。1926年3月18日、数千名の学生が、段祺瑞政府の庁舎前で、示威・請願を行ったところ、執政府の警護隊が、混乱の中で発砲し、死者46人、負傷者154人を出した、いわゆる「三一八虐殺事件」を引き起こした。魯迅は、「三一八」を「中華民国以来最も暗黒な日」と称している。きくところによれば、警護隊が発砲し学生を死傷させた後、段祺瑞は、地団駄を踏み、「一生涯の美名が、一日にして潰えた」と長嘆したという。当時の国会は、直ちに、学生を虐殺した「主犯については国民の処分に委ねる」という決議を採択し、さらに、国務院は「内閣総辞職」し、段祺瑞は死傷者の家族に対する「補償令」を発布した。各学校が挙行する様々な追悼活動、北京市の「国民追悼大会」、および各種の新聞・雑誌による広範で詳細な報道に対しても、当局がこれを阻止・妨害することはなかった。

　これと比べれば、「六四」の虐殺事件は、十倍、数十倍の死傷者を出しただけでなく、現在に至るまで、依然として、当局によって「反革命暴乱」と定義されている。きくところによれば、最近、「永遠に事件の見直しを許さない」という決議まで採択されたようである。さらにひどいことに、中国人民は犠牲者に対して追悼をする権利をも剥奪されている。公に同情を示すことさえ、最も危険な「罪行」とみなされ、さらには、死者の親族であっても、世間の人たちに自分の苦痛・悲しみを訴えることを禁じられているのである。これでも、「中国は、歴史上、その人権状況が最も良好な時期にある」といえるだろうか。

第２章　人権概念上の様々な混乱を一掃する

　人権を論じるにあたり、確かに、人権観念は偉大な勝利を獲得してきた。現在、反人権論者でさえ、表面上は人権を承認せざるをえない。我々は、1980年代中期まで、中国共産党当局が、人権概念に対して、一貫して全面的に拒絶する立場をとってきたことを知っている。中国共産党当局は、人権観念を「ブルジョア階級の観念」として排斥してきたのである。その後、中国共産党の人権に対する態度は、次第に変化してきた。近年、中国共産党は、人権観念を受容し、また、国際連合の２つの国際人権規約（「経済的・社会的及び文化的権利に関する国際規約〔社会権規約〕」、「市民的及び政治的権利に関する国際規約〔自由権規約〕」）に同意・署名した。しかしながら、このことは、人権観念をめぐる論争がすでに収束したことを意味するわけではない。現在、反人権論者の基本的戦略は、人権という語を容認はするものの、その内容を歪曲し、もって、人権の真の要求を拒絶するというものである。

　承認すべきは、反人権論者が、人権の意義［含義］を曲解することができるのは、現在流行している人権理論そのものの混乱とも関係しているということである。

　「世界人権宣言」を例にとれば、「世界人権宣言」は、30カ条にわたる人権条項を列挙しており、それら人権条項は、はっきりと２種類に分けることができる。言論の自由、集会の自由、居住・移転の自由のような「原始的」な権利に属するものは、政府がその合法性を承認し、妨害を加えなければ、それだけで実現されうる。これに対して、他の一部分の権利、例えば、教育を受ける権利、基本的な社会福祉の権利等は、一種の「拡張的・発展的」な権利であり、それらの実現には、政府の積極的な関与が必要である。

　例えば、「世界人権宣言」の第25条第１項は、「すべて人は、衣食住、医療及び必要な社会的施設等により、自己及び家族の健康及び福祉に十分な生活水準を保持する権利並びに失業、疾病、心身障害、配偶者の死亡、老齢その他不可抗力による生活不能の場合は、保障を受ける権利を有する」と規定している。問題は、誰がこれら保障を提供するのかということである。「世界人権宣言」第22条は、これについて明確に記述している。これは、「国家的努力及び国際的協力により、また、各国の組織及び資源に応じて」、なされなければならない、と。ここからわかるように、このたぐいの権利は、個人に固有のもの

ではなく、他人や政府に依存して提供されるものなのである。しかしながら、権利という語の本意は、個人に固有のものを指し、他人の干渉なく存在するものを指している。自由の意義［含義］、権利の意義［含義］を論じる際に、アインシュタイン（Albert Einstein）は、しばしば、ショーペンハウアー（Arthur Schopenhauer）の「人は彼がしたいと思うことをなすことができるが、彼が得たいと思うものをすべて得られるわけではない」という言葉を引用している。それゆえ、第1類の権利、すなわち原始的権利こそが真の権利なのであり、第2類の権利、すなわち拡張的・発展的権利は、厳格にいえば、実際には権利ではなく福利なのである。

　我々は、政府が必要な福祉を提供することに漠然と反対しているわけではない。ただし、我々は、福利と権利とを同列に論じることには賛成しない。「すべて人は、……失業に対する保護を受ける権利を有する」（第23条第1項）という条項についていえば、それは、明らかに当時流行した社会主義思潮の影響を表しており、自由主義経済の下では、おそらくなしえなかったものである。過去において、社会主義国家は、人々に失業を免れるという保障を享受させることができると誇示し、そのことをもって、社会主義が資本主義よりも優越していることを証明しようとした。現在、それらももはや誇示できなくなってしまった。実際には、過去において、社会主義国家も「失業を免れるという保障」を実現しえなかったのである。私も、数年にわたって、「失業［待業］青年」を経験したことがあるし、私と類似した境遇にある者は少なくとも数千万人いるといわれる。そして、誰も、労働の強制を「十分な就業」と美化することはできないはずである。

　指摘すべきことは、福利を権利といいなすことは、権利概念の発展ではなく、権利概念の濫用であるということである。濫用の結果は、権利の価値を低下させるだけである。

　クンデラ（Milan Kundera）は、『不滅』の中で次のように述べている。「西側において、人々は、強制収容所の脅威の下で生活することはない。自由に話し、自由に書くことができる。それゆえ、人権のための闘いはそれが逐次展開するにつれて、その具体的な内容はすべて失われ、最後には、あらゆる人のあらゆることに対する共通の態度になったり、あらゆる願望を権利に変形するエネルギーになったりするのである。世界は一種の人権となり、すべてが権利となる。愛情の願望は愛情の権利となり、休息の願望は休息の権利

となり、友情の願望は友情の権利となり、高速で車を運転する願望は高速で車を運転する権利となり、幸福の願望は幸福の権利となり、書物を出版する願望は書物を出版する権利となり、深夜に街路で叫ぶ願望は深夜に街路で叫ぶ権利となる」。このような希釈され拡張された人権観念に基づけば、世界上、十分に人権を実現しうる国家は存在しないことになる。将来においても、十分に人権を実現することはやはり不可能である。人権観念がこのように際限のないものとなることは、人権の力量を強めるのではなく、かえって、その力量を弱めることとなる。

第3章　反人権論分析

　現有の人権理論そのものは、人々を十分に満足させるものではないが、我々は、この問題をひとまず脇におくことが可能である。なぜなら、現在、中国共産党が提起している反人権論に反駁するにあたり、我々は、そのような精緻なレベルのものまで必要としてはいないからである。

　現在、反人権論者に最もよく用いられている論法は、以下の数カ条に他ならない。すなわち、①文化相対主義の名目をもって、人権観念の普遍性を否認する、②生存権と発展権の名目をもって、言論の自由等の権利を排斥し、その実現を遅らせる、③安定の名目をもって、個人の権利を抑圧する。この他、以上の3カ条の共通の基礎として、いわゆる国情の強調がある。最後に、もう一つの言い逃れ戦術がある。すなわち、「我々の人権状況には問題がある。あなた方の人権状況も完全とはいえない。どの国も他国と比べて優れているとはいえず、それゆえ、どの国も他国のことをとやかくいうことはできないのである」。以下において、我々は、これらの観点に対して、それぞれ反駁を加えたいと思う。

1．文化相対主義について

　文化相対主義の名目をもって人権を拒絶することは、反人権論者の近年の新戦略の一つである。しかしながら、共産主義の国家で生活した我々からいえば、この新戦略はそれほど新しいものではない。以前において、我々は別の形式の相対主義を見聞きしたことがある。すなわち、「真理の階級性」の理論である。

過去において、人権・民主を論じようとすれば、たちどころに、ある人は、臆面もなく次のように反問してきた。いかなる階級の人権なのか、いかなる階級の民主なのか、と。このような「真理の階級性」の理論のために、人類は、なんとおびただしい代価を支払ってきたことか。現在、「真理の階級性」の理論は、どうやらその評判を失墜させたようであるが、その代わりに、いわゆる文化相対主義が流行し始めた。実際には、「真理の階級性」の理論について透徹した認識を有してさえいれば、文化相対主義の本質を容易に看破することができる。なぜなら、両者は、ともに同様の論理の上に構築されたものであり、しかも、後者は前者に比べて一撃にも耐えられないほどもろい理論であるからである。

　魚が水の中で遊泳している。ある人が、「魚はとても楽しそうだ」といったところ、別の人が、「あなたは魚ではない。どうして魚がとても楽しそうだとわかるのか」と反問してきた。これが相対主義の古典的なテキストであり、一見したところ、反駁することは困難であるようにみえる。しかしながら、もし、あなたが魚を水面から釣り上げて無残にも死なせてしまったのであれば、魚はきっとひどく苦痛であるにちがいない。おそらく、誰も、「あなたは魚ではない。どうして魚が殺されるにあたりひどく苦痛であるとわかるのか」と再反問しようとはしないだろう。再反論をすれば、一切の罪行を弁護するになってしまう。

　ポル・ポト（Pol Pot）は、かつて200万のカンボジア人を殺害した。彼は、罪を認めることを完全に拒絶することができる。なぜなら、彼は、あなたに対して、「あなたはカンボジア人ではない。どうしてカンボジア人が虐殺されるのを歓迎していないとわかるのか」と反問できるからである。また、彼は、世人に訴えることもできる。カンボジア人は、自己の喜怒哀楽を表現する際、一般の人々とは異なる。彼らは、虐殺に直面した際、泣き叫びはするが、それは、彼らがひどく苦痛であることを示してはおらず、彼らが、格別うれしく、格別楽しいことを示しているのである、と。

　人権の普遍性の道理はきわめて単純である。それは、次のような自明の命題に基づくものに他ならない。すなわち、いかなる国にも、専横で、批判を許さず、反対を許さない政府を歓迎する人民はいない。いかなる国にも、政府を批判する意見を発表しただけで、監禁・虐殺されることを甘受する人民はいない。いかなる国にも、政府による逮捕・尋問にあたり、公衆に対して公

に弁明する機会を剥奪されることを好ましいと考える人民はいない。

2．生存権と言論の自由について

　中国共産党当局は、人権とは何よりもまず生存権である、と公言する。中国の人権が大きく改善されたということを誇示する際に、中国共産党は、いつも、中国政府・共産党が13億人を養っているということを強調する。このような論法は、反駁するに値しない。結局のところ、政府は権力機構なのであり、生産機構ではないのである。それゆえ、政府が人民に飯を食わせているというのは、まったく筋が通らない。政府が人民を養っているのではなくて、人民が政府を養っているのである。中国共産党は、歴史上前例のない巨大政府を作り上げた。明代において、官と民の比率は1：400であり、清代において、それは1：300であった。今日、共産党統治下の中国において、官と民の比率は1：36である。このことは、今日の中国人が、歴史上いかなる時期よりも、多くの官吏を養わなければならないということを表している。

　中国共産党は、中国・アメリカ両国は、その経済発展の程度が異なるため、「人権および基本的自由を実現する道程や方式もまた異なる」、「中国は、何よりもまず生存権と発展権を重視し、同時に、民主と法制の建設の強化、人民の経済的・社会的・文化的・市民的・政治的権利の保護に努力している」と述べる。

　このような話は、論理上やはり筋が通らない。なぜなら、ある国家が人権および基本的自由を実現しているかどうかは、その国家の経済発展の程度によって決まるものではないからである。「自由は無償である」という格言は正鵠を得ている。この言葉には、2つの意味がある。一つは、自由はお金では買えない（freedom is priceless）ということであり、もう一つは、自由はお金を必要としない（freedom is costless）、無償である（freedom is free）ということである。もちろん、もう一つ、自由は非常に高価であるともいえる。それは、我々が暴政に抵抗し、自由を獲得するために、多くの代価を支払わなければならなかったということをいっている。このような代価は、専制者が我々に支払いを強制したものであり、そのことと「自由はお金を必要としない」ということとは少しも矛盾しない。

　言論の自由を例に挙げよう。言論の自由を実現するとはどういうことか。それは、言論を罪に問うこと［因言治罪］を取り消すことである。他人が何か

異なる政治的見解を発表したとしても、政府は彼を捕らえないし、その政治的見解を鎮圧しない。これで十分である。我々が言論の自由を要求しているのは、政府が何かすることを求めているのではなく、政府が何もしないことを求めているのである。このことは、お金や力を費やすことではなく、お金や力を省くことなのである。どうして、これが、富強国であって初めてなしえて、貧窮国ではなしえないといえるのであろうか。

　事情はまったく逆なのである。異議を鎮圧するために、専制者が、多くの鷹や犬を飼い慣らし、多大な財力を消費しなければならないのは、すでに周知のとおりである。このことは、中国のような発展途上国にとっては、とりわけ、莫大で、無意味で、なおかつ有害な人力と物資の浪費である。剣を鋤に持ち替えれば、問題はすべて解決するのではないだろうか。

　生存権・発展権の名目をもって自由・民主の一連の権利を排斥することは、もう一つの意味を暗に含んでいる。それは、自由・民主を生存・発展を妨害するものとみなすというものである。あたかも、自由・民主があれば、国家は混乱し、人々は、終日休むことなく論争し、経済の発展に全力で取り組むことができないかのようである。これも謬論である。

　周知のとおり、1959年から1961年にかけて、中国は、歴史上空前の深刻な大飢饉に見舞われた。餓死者は、「少なく見積もっても4000万人」であったといわれる（この数字は、中国政府・共産党系の人民出版社が1996年に出版した『歴史不再徘徊』から引用した）。大飢饉をもたらした根本的原因は、誤った経済政策にあるのではない。著名な経済学者でノーベル賞受賞者のセン（Amartya Sen）は、次のように論証している。「人類の飢饉史の重要な事実の一つは、大飢饉は民主的な政府を有し出版の自由が保障されている国家においては一度も発生したことがないということである。飢饉は、古代の王国、現代の専制社会、原始部落、現代テクノクラート独裁の国家、帝国主義者が統治する植民地経済、専制統治または一党専制の新興独立国家において発生している。しかしながら、政府の統制を受けず、定期的な選挙を実施し、反対政党が批判の声を発し、自由な出版・報道と政府の政策決定の正確性に対する疑問の提起が許容され、出版物に対する検閲が実行されていない国家においては、これまで飢饉が発生したことがない」（"Freedom and Needs"）。

　結局のところ、李志綏〈訳注2〉がいうように、毛沢東が「大躍進」〈訳注3〉を実行したのも、故意に一般庶民をすべて餓死させようと意図したものではな

かったのである。きわめて長い間、毛沢東自身でさえ、事情がどの程度にまで深刻化しているのか知らずにいた。ただ単に、毛沢東をトップとする中国共産党の全体主義的統治［極権統治］があのように残酷で、言論の自由の剥奪があのように徹底していたがゆえに、統治集団の内部でさえ、毛沢東一人を除いて、誰も真実の話をしなくなり、最後には、真実の話を抑圧し嘘の話を奨励していた毛沢東本人でさえ、彼の好みに合わせた虚言により欺瞞された。それがために、誤った経済政策は遅々として是正されず、ひとたび間違えればまた間違え、それが繰り返されて、最後には、凄惨な一大悲劇を引き起こしたのである。

晋の恵帝の時代、ある地方で飢饉が発生し、大臣は、皇帝に対して農民が飢餓に苦しんでいることを報告した。恵帝は、「彼らはどうして肉を食わないのか」と問うたという。「大躍進」を実行して数カ月も経たないうちに、食料は明らかに大幅に減産し、多くの農民が飢餓に苦しみ始めた。ところが、新聞や会議においては、依然として「衛星打ち上げ［放衛星］（食料生産量の虚偽報告）」競争が行われていた。一畝（ムー）あたりの生産高は１万斤・10万斤、食料は大豊作・特大豊作と喧伝され、その結果、我々の偉大な領袖および彼の戦友たちは、中南海〈訳注4〉において、「食料が多すぎる。食べても食べきれないし、収納しても収納しきれない。どうしたらよいだろうか」と至極まじめに討論していたのである。

その頃、人々は飢えに苦しんでいたにもかかわらず、飢えを声に出して訴えることを許されなかった。多くの人が、公に飢えを声に出して訴えたがために、「反革命」として攻撃された。無数の人が餓死しているにもかかわらず、人々が餓死していると声をあげることさえ許されなかった。多くの官吏が、上に対して人々が餓死していると報告したがために、「右傾日和見主義」として攻撃された。今日、言論の自由を提起すれば、一部の人は、それは、知識人、とりわけごく少数の自分の立場や身分をわきまえない知識人の「価値偏好」

〈訳注2〉李志綏：医者。1954年から1976年に毛沢東が死去するまで、毛沢東の個人医師を務めた。その後、アメリカへ移民し、毛沢東の伝記である『毛沢東の私生活』を著した。
〈訳注3〉「大躍進」：毛沢東主導の下で、1958年から1960年にかけて実施された急進的な農工業大増産政策。イギリスを15年で追い越すことをスローガンとし、人民公社の設立による農業集団化、農村における大規模な鉄鋼生産運動等を展開したが、それらは、ことごとく失敗に終わり、これに大飢饉が重なったため、各地で大量の餓死者が生まれた。
〈訳注4〉中南海：北京市西城区、故宮（紫禁城）の西側に隣接する地区。中国共産党中央委員会と国務院の所在地。

にすぎないと考える。3年にわたった大飢饉の悲劇は、このような観点に対する最も有力な反駁である。

　事実は、言論の自由が我々一人一人の各種権利の最も重要かつ最低限の保障であることを証明している。もし、当時、中国の人民が最低限の個人的権利、何よりもまず言論の自由を享有していれば、大声で飢えを訴え、大声で批判し、大声で抗議できていれば、我々の4000万の同胞は無残にも餓死していたであろうか。

　確かに、言論の自由がないところにおいて、必ず大飢饉が発生するとは限らない。しかしながら、およそ大飢饉が発生するところでは、間違いなく言論の自由が存在していないのである。この一点において、現代の中国人は、世界中の誰よりも痛ましい教訓を得ており、しっかりとこれを肝に銘じなければならない。生存権の名目をもって言論の自由を排斥する。その結果は、6億人を3年にわたり飢餓に陥れたことであり、4000万を超える人の生存を喪失させたことであったのである。

3．安定と個人の権利について

　中国共産党当局は、現代中国が動揺し不安定であったという歴史的教訓に基づき、我々は安定を第一位におかなければならず、安定はすべてを圧倒し、それゆえ、個人の権利は犠牲にされなければならない、と繰り返し言明している。このような話は数多く論じられており、多くの西側の人々でさえ、これを真実であると信じ込んでしまっている。例えば、クリントン（Bill Clinton）は、1998年の訪中において、上海の円卓会議の席で、「中国の歴史は、中国人を動揺・不安定に対して非常に敏感にさせている。それゆえ、中国政府は、個人の権利を容認できない傾向にある」と述べた。事実はまったく逆である。半世紀にわたって、中国で発生した動揺・不安定のすべては、個人の権利があったがゆえにもたらされたものではなく、個人の権利がなかったがゆえにもたらされたものなのである。現代中国では、社会の動揺を回避するために、人々が個人の権利を犠牲にしているわけでは決してなく、人々が個人の権利を犠牲にしたがゆえに、社会の動揺がもたらされたのである。

　その最も突出した事例が「文化大革命」である。中国政府・共産党でさえ、「文化大革命」は「十年の動乱」であったと認めている。周知のとおり、「文化大革命」は、毛沢東が呉晗の脚本『海瑞罷官』〈訳注5〉を批判するよう命じたこ

とに端を発したものであり、これはまさに言論を罪に問う［因言治罪］の典型例であった。劉少奇が非業の死を遂げたことは、国家主席でさえ、いささかも人権を享有できていなかったことを証明している。「文化大革命」の期間における被害者に、その巻き添えとなった家族も加えると、その総計は億にまで達する。結局のところ、これらはすべて個人の権利がなかったことによりもたらされたものなのである。まさに、ことわざがいうように、「三尺にも達する厚い氷は一日の寒さでできるものではない」のである。「文化大革命」の動乱の種は、早くも中華人民共和国の初期に深く深く埋め込まれていた。1949年から1966年まで、中国共産党は、まず、「ほんの一握り」を弾圧することから着手し、人々の基本的人権を剥奪し、その後、それを段階的にエスカレートさせ、「一切の牛鬼蛇神の掃討」〈訳注6〉、「全面独裁［専政］」へと発展させたのである。1955年、中国共産党が胡風を批判するよう命じた際、胡風は、「胡風批判から、中国の文壇は中世へと逆戻りするであろう」と予言したという。このわずか10年後に予言は的中した。受難者は文壇にとどまらなかった。

　十年の動乱で億万の人が迫害を受けたことを名目にして、現代中国の動乱は個人の権利があったがゆえのものであるという人がいるだろうか。むしろ、その逆ではないのか。安定を名目として、個人の権利を引き続き抑圧する論法・手法は、すべて我が民族の苦難の歴史に対する最大の裏切りなのである。

　「個人の権利は集団の利益に危害を加えてはならない」という点に関して、これは余計な議論である。なぜなら、権利を確定することは、本来、個人と集団との間に境界を画することを意味するからである。かつて、厳復がミル（John Stuart Mill）の『自由論』を翻訳して『群己権界論』を著したのは、まさに、この意味を表示するためであった。

　我々は、言論の自由を肯定する。これは、言論の作用が間接的なものであって、直接的なものではないからである。言論は、他人や集団に対して、危害をもたらすものではない（煽動、誹謗は除外する）。それゆえ、他人または集団

〈訳注5〉『海瑞罷官』：本書99頁訳注14参照。
〈訳注6〉「一切の牛鬼蛇神の掃討」：牛鬼蛇神とは、打倒すべき対象である地主、資本家、知識人等を指す。1966年6月に、『人民日報』において、「一切の牛鬼蛇神を掃討せよ［横掃一切牛鬼蛇神］」という社説が掲載され、「文化大革命」の幕が切って落とされた。

が、言論を取り締まり、言論を発表する人を抑圧することには、何ら理由は存在しないのである。いわゆる「言論の自由は法律に違反してはならない」や「法律の許容する範囲内における言論の自由」も、同様に謬論に属する。なぜなら、言論の自由は、決して憲法や法律にその淵源をもつものではなく、憲法や法律に先立って存在するものであるからである。アメリカ合衆国憲法の修正第1条は、連邦議会は、言論あるいは出版の自由を制限する法律を制定してはならない、と明文をもって規定している。ここから明らかであるように、問題は、言論の自由が法律に違反してはならないという点にあるのではなくて、法律が言論の自由を侵犯してはならないという点にあるのである。

4．「国情」について

　人権に抵抗するために、中国共産党は、「国情」をもち出して隠れ蓑にしている。しかしながら、いったい、何が中国の国情なのであろうか。これは、もちろん、中国共産党当局の弁解に依拠して考察することはできず、中国人民の切実な体験に依拠して考察すべきものである。

　1960年代、中国共産党がいわゆる「憶苦思甜（昔の苦しみを思い、今日の幸せをかみしめる）」運動を強力に展開したことを覚えているだろう。中国共産党は、年輩の労働者・貧農に、我々青少年に対して、「旧社会の苦、新社会の甜を大いに話す」よう求めた。本来、これら年輩の労働者・貧農は、すべて党組織が念入りに選抜した人たちであり、「旧社会」に対して最も「苦しみは大きく恨みは深い」という点についても、彼らの講話の内容は、党組織の念入りな指導を経たものであった。しかしながら、たとえ、そうであったとしても、話をする人は、話をしているうちに、ついうっかり口を滑らせて1961年、1962年のことを話してしまう。「苦について語るのであれば、1961年、1962年こそが最も苦しかった」と。ここからわかるように、大多数の中国の一般大衆についていえば、「旧社会」がもたらした様々な苦難は、すべて毛沢東の「三面紅旗」〈訳注7〉にははるかに及ばないものであったのである。そして、もし、今日の中国人に、彼らが経験した最大の動乱は何か、とたずねれば、大多数の人は、必ずや、それは「文化大革命」である、と回答するにちがいない。

　　　〈訳注7〉「三面紅旗」：社会主義建設の総路線、大躍進、人民公社の3つを総称する語。

ある人は、近代史上、中国は、西側列強の侮蔑を受け、その深刻な集団的記憶がなお深く刻み込まれているため、中国人は、国家が強大であることに関心を寄せ、個人の自由または人権にはあまり関心を示さない、という。このような論法もまったく成立しえない。その道理はきわめて簡単である。西側列強の侵略・抑圧は、半世紀以上も前に発生したものであり、今日の中国において、80パーセント以上の人は、帝国主義の侵略・抑圧を身をもって経験したことがない。今日の中国人の絶対的多数は、「新社会で生まれ、紅旗の下で成長した」のである。「土地改革」、「反革命鎮圧運動」、「反右派闘争」、「三面紅旗」、大飢饉から、「文化大革命」、「六四」、さらには、法輪功弾圧に至るまで、我々は、中国共産党の専制・収奪・迫害しか身をもって経験していない。中国共産党の執政の50年が中国人民にもたらした苦難は、深刻さの上でも、広範さの上でも、さらには苛烈さの上でも、それ以前をはるかに凌駕している。これら苦難を招いた根本的原因は、我々に最も基本的な自由、最も基本的な人権が欠如していたところにある。この点について、国情をいわないのか。これこそが国情なのである。

5．人権の尊重と人権の蔑視との限界を混淆してはならない

　江沢民は、「いかなる国の人権状況も完全ではない」という。その言外の意味は、「我々の人権状況には問題があるが、他の国にも問題がある。どの国にも問題があり、五十歩百歩にすぎない」というものである。

　この論法も間違っている。世の中には完全無欠の人は存在せず、人は皆過ちを犯す。しかしながら、そのことは、世の中に善人と悪人の区分がないことを意味するのであろうか。善悪・功罪の間には、一本のはっきりした境界線があることは明らかである。同様に、人権の尊重と人権の蔑視の間にも、一本のはっきりした境界線があるのである。人々の財物が盗賊に盗まれ奪われ、無辜の一般大衆が暴徒に殺傷されても、それらについて、政府の保護が周到ではなく、事件の解決にあたり政府の力が足りないということと、政府自らが家財を没収して共産化し、無辜の一般大衆を殺傷することは、明らかにまったく別のことである。人民の生命・財産を保護するにあたり、万に一つの失敗もない政府など存在しない。このような意味において、人権状況が完全な国家など存在しないということはできるであろう。その政府がどんなに誠意があり、どんなに能力を有していてもである。しかしながら、ある政

府が、最低限の誠意を有してさえいれば、おそらく、人権を侵犯し蹂躙するという罪行をなすようなことはないはずである。このような意味において、人権を尊重する政府と人権を蔑視する政府の善悪は明白であり、両者の間には、清濁の境界がはっきりと分かる一線が画されている。

　近年、アメリカ国務省は、毎年、「人権報告」を発表し、世界各国の人権状況に対して評論を加えている。その中で、常に中国の人権状況は批判の対象となっている。中国共産党当局は、これに激しく反発し、新華社を表に立てて反駁文章を発表している。反駁文章では、広範に資料を収集し、「アメリカが人権を踏みにじっている」ことの様々な悪行を列挙している。例えば、暴力犯罪が深刻であること、受刑者の比率が高いこと、警察が暴力を行使する現象が深刻であること、貧富の格差が拡大していること、人種差別が依然としてなくならないこと等である。証明したところが虚偽でないよう、文章が事実を列挙する際にはその出典を明示している。根拠としているのは、すべてアメリカの主要メディアの報道である。反駁文章を書く新華社の人たちは、このようにすれば、文章の説得力を高めることができると考えているが、実際には、それはかえって逆効果をもたらすだけである。彼らはそのことをわかっていない。

　経験は我々に教えてくれる。ある国家の人権状況の善し悪しを判断するにあたり、その最も簡単な方法は、その国家に公で保護を受けた自由な批判が存在しているかどうかをみることである。言論の自由、出版の自由、報道の自由は、それそのものが人権の一つであると同時に、他の様々な人権が存在するかどうかを判断する前提・基準の一つでもあるのである〈原注〉。

　反人権論者は、この道理について誰よりもはっきりと認識している。暴君毛沢東は、次のように述べたことがある。「新聞に我々の欠陥・錯誤を公に暴露させることができるか。できない。もちろん、できない。もし、新聞に我々の欠陥・錯誤を公に暴露することを一任すれば、今日、あなたが記事を１本掲載し、明日、彼が記事を１本掲載し、そうして、３カ月もしないうちに、人民は我々を打倒するべく立ち上がるであろう」。江沢民政権も、この道理について深く理解している。それゆえ、彼は、言論の自由、報道の自由を全力で抑圧しようとしているのである。インターネットに対する統制の強化もその一環である。最近、いくつかのウェブサイトが閉鎖され、インターネット上で異なる意見を発表した多くの人が逮捕された。中国共産党は、長篇の文章を

発表して、アメリカの批判に対して負けじと反駁しているが、もし、誰の人権状況が良好で、誰の人権状況が劣悪かと問うのであれば、中国共産党自身も、心の中ではその答えについてはっきりとわかっていることであろう。

　説明を要するのは、我々が一国の人権状況について批判をなすのは、主として、当該国の政府に対してであり、一般の個人に対してではないということである。我々は、常日頃、アメリカでは個人の財産が保護されている、という。ただし、他方で、我々は、アメリカが決して君子国・聖人国でないことも知っている。アメリカにもどろぼうや強盗はいるし、個人の財産が盗まれたり奪われたりする事件は頻繁に発生している。それでは、このことと「個人の財産は保障される」という条項は矛盾するのであろうか。矛盾しない。なぜなら、いわゆる個人の財産は保障されるということは、あなたの財産が盗まれたり奪われたりすることはありえないということをいっているわけではないからである。それは、ひとたび、あなたの財産が盗まれたり奪われたりすれば、政府が法律に基づき追究するということをいっているのである。ちょうど、自動車保険の購入と同じである。あなたが、自動車保険を購入するということは、あなたが車を運転しても事故が発生しないということを保証するものではない。それは、あなたが、車を運転している時に何か事故が発生した場合、あなたは保険会社の承諾する範囲内で補償を得られるというものにすぎない。

　ここからわかるように、人権を保障するという問題は、主として、政府の

〈原注〉ある国家に人権が存在するかどうかを判断する場合、我々は、この国家に言論の自由、出版の自由、結社の自由、信教の自由等が存在するかどうかをみる。それゆえ、言論の自由はそれそのものが人権の一つなのである。
　それでは、我々は、この国家に言論の自由、結社の自由、信教の自由が存在するかどうかをどのようにして判断することができるであろうか。例えば、「文化大革命」の時に、ある外国人が中国を訪問し、中国の民衆に、中国には信教の自由が存在するかどうかを質問した。質問を受けた中国の民衆は、皆、中国には信教の自由が存在する、と答えた。外国人はさらに質問した。どうして、中国では、教会を目にすることができないのか、教会の活動を目にすることができないのか、と。中国人は、我々はキリスト教を信仰していないからだ、と答えた。そこで、この外国人は、次のような結論を出した。中国には信教の自由が存在する。中国で教会や教会活動を目にすることができないのは、中国人がキリスト教を信仰していないからだ、と。この外国人訪問者の考え方が間違っているのは明らかである。中国に言論の自由が存在していなかったために、中国人は本当のことがいえなかったのである。中国に言論の自由が存在するという前提の下で、初めて、我々は、中国に信教の自由等、その他の人権が存在するかどうかを判断することができるのである。それゆえ、言論の自由は、他の様々な人権が存在するかどうかを判断する前提・基準の一つでもあるのである。

問題なのである。盗賊はあなたの財産を盗んだり奪ったりすることができる。しかしながら、彼らは、あなたの財産に対する所有権を盗んだり奪ったりすることはできない。中国共産党が共産化を実行することは、盗賊が財物を盗んだり奪ったりすることとは異なる。中国共産党政府が共産化を実行することは、あなたの財産を盗み奪うことだけでなく、あなたが自己の財産に対して所有権を有していることを否認することでもあるのである。厳格にいえば、後者は、まさに財産権に対する剥奪・侵犯を構成している。同様に、警察による暴力の行使についていえば、かつて、ロサンゼルス警察がキング（Rodney King）という黒人を激しく殴打した際、その様子は近隣の住民によりビデオ録画され、メディアを通じてアメリカ中に報道された。その結果、数人の警察官が法律の追究を受けた。しかしながら、中国の警察が天安門広場において請願・煉功していた法輪功のメンバーを激しく殴打した際、多くの写真が世間に公表されたものの、殴打した警察はいかなる法律の追究も受けず、殴打したことは誤りではないとされた。明らかに、この両者の性質は異なっているのである。厳格にいえば、警察による暴力の行使が、純粋に個人の行為にとどまらず、政府が指示した行為または政府により認可・放任された行為である時に、それは、初めて人権を侵犯し人権を蹂躙しているといえる。あたかも、球技の試合のようである。選手が規則を守らないことは規則違反（反則）を意味しているが、規則に違反することは、規則を破壊すること、規則を蹂躙することとイコールではない。審判は、規則に基づき、反則者にペナルティを科すだけである。規則の意義は、規則に違反した者は皆処罰を受けるという点にあり、違反者が処罰を受けることは、まさに、規則が完備していること、規則が有効に存在していること、規則が破壊されていないことを証明している。ここからわかるように、球技が規則に基づいて進められるということは、球技の試合の中で、選手が規則に違反しないということをいっているのではなく、審判が規則に基づいて物事を処理し、違反者にペナルティを科すということをいっているのである。同様に、ある国家が人権を保障しているかどうかは、主として、政府についていうものである。中国の問題は、まさに政府による暴力の行使なのであり、しかも、その暴力の行使を「平定［平暴］」といいなし、被害を受けた民衆を「暴徒」と誣告していることなのである。このことこそが、人権を侵犯し人権を蹂躙することなのであり、最も定型的な人権の侵犯・人権の蹂躙なのである。

第4章　なぜ、言論の自由が第一の人権なのか

　言論の自由の偉大な意義については、先人たちが、すでに数多くの透徹した論述を発表し、私自身も、これについて少なからず文章を執筆してきた。ここでは、さらに、若干の補充を行いたい。

　「人権とは何よりもまず生存権である」という理論は、中国共産党の近年の新発明であるが、大飢饉の時期にも、中国共産党は、人が生きていく上でまず必要なのはご飯を食べることであるということを否定しなかった。しかしながら、数千万人がご飯を食べられずに無残にも餓死したという凄惨な一大悲劇が最終的には発生してしまった。ここからわかるように、何よりもまず必要なのはご飯を食べること、生存することであるという点を肯定することは、実際にはあまり重要なことではない。なぜなら、それは、何の足しにもならないからである。ご飯を食べることが人生の第一の需要であるということはできるが、このことは、ご飯を食べることが第一の人権であるということを意味するわけではない。認識すべきことは、「権利」は「需要」とは異なるということである。

　なぜ、人の第一の需要は第一の権利とは異なるのであろうか。

　まず、我々は、読者に注意を喚起したい。実際には、ご飯を食べることもまた人の第一の需要ではない。人の第一の需要は呼吸である。人は、10日間ご飯を食べなくても生きていけるが、もし、呼吸しなければ、わずか10分も生きていられない。それでは、なぜ、多くの人は、呼吸が第一の需要であるといわないのであろうか。通常いうところの需要とは、生物学的な概念ではなく、経済学的な概念なのである。経済学は、稀少性を具えるものと関連している。食物は稀少性を具えている。食物は、空気のように、至るところで得られるものでも、いくら取ってもいくら使っても尽きることがないものでもない。まさに、人々は、意識的・無意識的に経済学の立場に立って話を進めているがゆえに、人が生存することを論じる場合に、いつも、何よりもまずご飯を食べることを論じるのである。我々は、通常、ご飯を食べることが人の第一の需要であるといい、呼吸が第一の需要であるとはいわない。我々が、ご飯を食べることが人生の最重要の問題であるというのは、ご飯を食べることそのものが問題となりうる問題であるからである。呼吸はそれ自身問題とはな

りえない。問題となりえない問題は、問題とはみなされない。我々が通常いうところの問題とは、常に、問題となりうる問題を指しているのである。したがって、我々は、呼吸ではなくご飯を食べることを人生の最重要の問題と位置づけているのである。

なぜ、呼吸ではなくご飯を食べることを第一の需要と位置づけるのかという道理を理解したのであれば、我々は、なぜ、生存権ではなく言論の自由を第一の権利と位置づけるのかという道理を容易に理解することができる。上述したように、我々が論じている需要は、生物学的な概念ではなく、経済的な概念である。同様に、我々が論じている権利もまた、人の生物性に着眼するものではなく、人の社会性に着眼するものである。個人は、自己の力量に頼って様々な需要を解決することはできない。それゆえ、問題は、個人がある苦境に陥り、自己の力量に頼ってその苦境を克服することが困難である場合、その人は、他人や社会に助けを求めざるをえないという点にある。このことは、個人にとっては、何よりもまず、他人や社会に呼びかけることが必要とされなければならないということを意味している。すなわち、それは、彼が、何よりもまず、自己の願望または要求を表現する権利を享有していなければならないということである。したがって、人は、何よりもまず、言論の自由を享有していなければならない。すなわち、言論の自由は第一の権利なのである。あなたが何かを必要としていても、あなたが、自由に表現し、自由に話をすることができなければ、他人や社会は、あなたの需要を理解することができない。それにより、あなたに必要な協力、援助もしくは支持を提供することもできず、あなたの需要は満足を得られないのである。

確かに、言論の自由でご飯は食べられない。しかしながら、あなたが、天災・人災により、とりわけ、政府の政策の誤りにより、ご飯を食べられなくなった時、もし、声をあげて、社会にそのことを知らしめ、大衆の支持・援助を受けて、政府に誤りの是正を迫ることができなければ、あなたは、自らの悲惨な状態を改変することもできないのである。この問題において、誤った政策を推進する政府は、誰よりもそのことをはっきりと理解している。その政府は、本能的に、全力をもって批判を抑圧するにちがいない。なぜなら、その政府は、ひとたび、人々が自由に批判を提起できるようになれば、誤った政策をもはや維持できなくなることをよく知っているからである。

最近、次のような論調が盛んに提起されている。すなわち、言論の自由は

知識人の特殊な愛好である、というものである。このような観点に基づき、言論の自由は確かに第一の権利であるが、それは、知識人についていえるものにすぎず、広範な労働者、農民および市民についていえば、彼らは言論に依拠してご飯を食べているわけではない以上、言論の自由はそれほど重要ではない、というのである。

このような観点ほど、正しそうにみえて実は間違っているものもない。

まず、言論の自由の禁止は、もともと一切の言論を禁止するものではない。言論の自由の禁止は、常に、ある種類の言論を禁止するものであり、その禁止の目的は、他の一部の言論の特権的・独占的地位を擁護する点にある。したがって、もし、あなたの言論が、禁止される列に並んでいなければ、あるいは、より正確にいえば、もし、あなたが意識的に自己の言論を常に「党中央と一致」させれば、言論の自由がないことがあなたの生存を妨げることはないであろうし、さらには、往々にして、言論の自由がある状況下よりも、よりよく生存できるかもしれない。

次に、私は、言論の自由とは、知識人が書を著し説を立てる自由にとどまるものではない、ということを強調したい。言論の自由とは、各個人が自己の利益、願望および要求を表現する自由であり、それゆえに、それは、各個人と密接な関係にある。それに加えて、一つの集団として、労働者は労働者の利益を有し、農民は農民の利益を有しているといえるが、知識人はいわゆる知識人の利益というものを有していない。知識人の利益は、かなりの程度において、彼自身の主張や観点によって決まってくるものである。ある知識人がある主張や観点を選択したということは、彼がある利益を選択し、ある特定の集団への帰属を選択したということでもあるのである。少し前に、何人かの農村出身の大学卒業生が、「農民の子」フォーラムを設立した。彼らは、農民問題を専門的に研究し、農民の権利・利益のためにアピールを行った。直ちに、このフォーラムは当局によって解散を命じられ、そのメンバーは迫害に遭った。本来、この何人かの大学卒業生は、すでに農村を離れ、農村戸籍［農業戸口］の束縛から脱却し、いわゆる知識人になっているはずである。もし、彼らが、片時も農民の権利・利益を忘れずに、一心不乱に農民の権利・利益のためにアピールを行うというものでなければ、もし、彼らが、当局が許容し奨励する問題のみを選択し研究・報告をなすのであれば、彼らは、平穏な日々を送ることができるだろう。今なお、農村にとどまっている青年は

それとは異なる。たとえ、彼らが注意深く「反動の言葉」を口に出さなくても、「江沢民同志を核心とする党中央」を擁護する態度を表明しても、そのおかれた境遇が多少なりとも改善されるわけではない。もし、これら農村の青年と上述した何人かの農村出身の知識人とを比較すれば、どちらがより言論の自由を必要としているであろうか。後者は、農民の権利・利益を気にとめず忘れてしまいさえすれば、自己の言論を当局と迎合させさえすれば、たとえ、言論の自由を有していなくても、より大きな現実的利益を得ることが可能なのである。農村の青年はそうではない。もし、彼らが、言論の自由を有していなければ、もし、自己の権利・利益について声を大にしてアピールして、社会の積極的な反響を獲得しなければ、彼らは自らの境遇を改善することができないのである。このように、農民は、知識人よりも、より言論の自由を必要としているといえなくはないだろうか。確かに、中国共産党は、これまでずっと、知識人を攻撃・迫害してきた。しかしながら、事実は、知識人が決して特定の利益集団ではなかったがゆえに、彼らは、他の集団に比べて、より容易に分裂し少なからず買収されてきたということをも証明している。

著名な作家・評論家の林語堂は、言論の自由とは痛みを叫ぶ権利［喊痛権］である、と述べている。古人は、「不平則鳴」という。人が、不公平・不合理な事柄に遭遇した際、その不公平・不合理な事柄がどのようなものであろうと、何よりも重要なことは「批判の声をあげる［鳴］」ということである。アリストテレス（Aristoteles）は、次のように指摘している。「様々な動物の中で、唯一人間のみが言語の機能を具えている。声は喜びと悲しみを表現することができる。一般の動物は、すべて発声の機能を有しており、彼らは、この機能を用いて、それぞれの喜怒哀楽を相互に伝達することができる。しかしながら、あることが有益かそれとも有害か、正義に合致するかそれとも合致しないか、これらは、言語を用いて説明しなければならない。人類が他の動物と異なるのは、人類が、善悪是非・正義不正義の認識について、言語を用いて相互に伝達・交流することができるところにある」（『政治学』）。このようにして、人類は、善を堅持して悪に反対し、是を堅持して非に反対し、正義を堅持して不正義に反対することができるのである。言語の作用は、このように重大なのであり、それゆえに、ある社会の中で、人々が自由かつ十分に言語の交流をなすことができるかどうかが、この社会の品性の優劣に直接的に関わるのである。古今東西の様々な専制・暴政の第一の至宝は、人々の自由な

言語の交流を切断することであった。それこそが、言論の自由の抑圧であったのである。このことは、反面から、言論の自由こそが第一の人権であることをも有力に立証している。人権問題に関心をもつすべての人は、何よりもまず、言論の自由のために奮闘すべきなのである。

           1993年6月　第1稿
           2001年5月　最終修正稿

私はなぜ「言論の自由を論ず」を翻訳したのか
―― 解説に代えて

石塚 迅

第1章　胡平論文との出会い

　私が、「中国における言論の自由」を修士学位論文のテーマとして選定したのは、1997年のことである。当時、中国は江沢民指導部の下で高度経済成長の真っただ中にあった。その一方で、1989年の「天安門事件」の後遺症をなお引きずっているようにみえた。民主化運動の武力弾圧以降、アメリカをはじめとする西欧諸国や国際的な人権団体（人権NGO）は、折りにふれて、中国では人権が保障されていないとして厳しく中国を批判し続けていた。とりわけ、1997年は香港「返還」の年であり、香港住民の人権という観点から、中国の人権問題が大きくクローズアップされていた年であった。また、中国の民主活動家のシンボル的存在である魏京生氏が仮釈放されアメリカに渡ったのも1997年であった〈注1〉。

　言論の自由は、中国の民主化運動の旗印であり、西欧諸国と中国政府の最大の論争点である。民主活動家・民主派知識人の政治的民主化要求の筆頭が言論の自由の保障であったし、西欧諸国の非難は「中国には表現の自由がない」という点に集中していた。中国政府は、これら言論の自由の要求に対して、「生存権がすべての人権に優先する」という「中国的人権観」の提起をもって対抗していた。

　私は、当時、大学院に進学したばかりで、中国法のイロハについて何も知らなかったが、比較憲法論的視点から中国憲法・中国人権問題を研究するにあたり、言論の自由こそが、最も重要かつ核心的テーマであることを直感し

〈注1〉1997年11月に魏京生氏が仮釈放された後、さらに、1998年4月には王丹氏が仮釈放された。

た。

　ところが、研究はいきなり壁に突きあたった。1982年12月に制定された現行中国憲法は、第35条において「中華人民共和国の公民は、言論、出版、集会、結社、行進、示威の自由を有する」と規定しているものの、中国国内で刊行されている中国憲法についての著書は、それについて、木で鼻をくくったような言及しかしていないのである。しかも、その説明はどれも大同小異である。また、言論の自由についての雑誌論文も数えるほどしかない。ようやく探し出したと思っても、中身を読んでみると、アメリカの憲法理論（例えば、二重の基準論）のごく簡単な紹介にすぎなかったりした。私は、「中国」の憲法や人権について「中国人学者」がどのように考えているのかを知りたかった。1997年の夏に中国を資料収集で訪れた時、この「素朴な」疑問を若い憲法学者にぶつけてみたところ、「あなたは、まず、マルクス主義法学の基礎理論をちゃんと学ばなければならない」と一蹴された（あとでわかったことだが、彼女は、中国で有名な極左憲法学者の弟子であった。当時は、中国人民政治協商会議について研究していたが、その後、「マルクス主義法学」研究自体の低迷・霧散に伴い、比較法文化論に研究の関心をシフトさせたようである）。

　私自身の研究は、その後も依然として暗中模索の状態にあったが、ある時、ある日本在住の中国人の法学者が、私にヒントを下さった。「中国における言論の自由を研究するのであれば、憲法概説書や権威的な法学雑誌の論文を読んでいるだけではだめだ。胡平さんの論文を読まなければ」。

　胡平。初めてきく名であった。中国憲法の著書・論文では目にしたことはなかった。中国の民主化運動について論じた政治学・社会学の文献にも、日本語文献に限定されるものの、これまでそれなりに目を通してきたつもりであったが、やはりそこでも目にしたことはなかった。その先生の話によれば、胡平氏の「言論の自由を論ず［論言論自由］」という論文は、中国において、言論の自由に関する最高水準の論文であり、中国共産党の保守派イデオローグの胡喬木でさえ、この論文の主張・内容に一言も反論できなかったという。

　博士後期課程に進学した後、私はその胡平氏の論文を探した。しかし、簡単にはみつからなかった。それもそのはず、胡平氏の論文は、いわば中国政府・共産党に「抹殺」された論文であった。再び、胡平氏の論文を紹介して下さった先生に相談したところ、先生は、胡平氏の「言論の自由を論ず」が抄録

された香港・台湾で出版された『開拓――北大学運文献』の該当部分をコピーして下さった〈注2〉。この先生には感謝してもしきれない。「言論の自由を論ず」の全文が掲載された『七十年代』〈注3〉、『青年論壇』〈注4〉を入手したのは、もう少し後のことである。

　胡平氏の「言論の自由を論ず」は、私の研究に大きな示唆を与えた。中国政府・共産党の公式・非公式の見解、体制内にある、あるいは体制からの自立を模索する憲法学者の議論、それに、この胡平氏の論文を重ねあわせる中で、断片的にではあるが、中国における言論の自由の「姿」が浮かび上がってきたのである。その作業の過程の中で、①中国における言論の自由観を検討するにあたっては、歴史的な背景がきわめて重要な位置を占めること、②中国においては、言論の自由に、さらには言論の自由を研究すること自体に、様々な制約が伴うということ、③中国において、言論の自由が実効的に保障されない要因として、法制度上の問題、とりわけ違憲審査制の未確立があること、④1990年代に入って以降、法学界の中でも、少しずつではあるが言論の自由をめぐる学術的議論が活発になりつつあること、等がわかってきた。

　私が2004年に公刊した『中国における言論の自由――その法思想、法理論および法制度』（明石書店）は、このような不十分な研究の中間報告である〈注5〉。上で言及したような中国における言論の自由をめぐる様々な法的論点に関心のある方は、本書とあわせてそちらをご参照いただければ、本書に対する理解も深まるかもしれない。

　同拙著の「第2章：民主化要求と『中国的人権観』――中国における言論

〈注2〉　胡平「論言論自由」胡平・王軍涛ほか『開拓――北大学運文献』（田園書屋〔香港〕／風雲時代出版公司〔台湾〕、1990年）31～77頁。

〈注3〉　香港の代表的政治評論誌（月刊）。1970年に創刊され、1984年に中国への返還後の香港を展望しようという意図から『九十年代』に改名した。1970年代後半から1980年代前半にかけては、中国共産党の改革派、とりわけ鄧小平を支持する論調が目立ったが、1989年の「天安門事件」以降は、リベラルで民主的な論陣を張り、反中国政府的な姿勢が強くなった。香港の中国への返還後、中国政府や中国系企業の香港反中メディア締め付けの中、1998年5月号で停刊した（天児慧・石原享一・朱建栄・辻康吾・菱田雅晴・村田雄二郎編『現代中国事典』〔岩波書店、1999年〕186頁〔塩出浩和執筆部分〕）。

〈注4〉　発行単位は湖北省社会科学院（武漢市）であり隔月刊行である。1984年末の創刊以来、半官半民的なスタンスで自由主義派知識人の論文を多く掲載したが、1987年1月以降の「ブルジョア自由化反対」キャンペーンの中、停刊を命じられた。

〈注5〉　石塚迅『中国における言論の自由――その法思想、法理論および法制度』（明石書店、2004年）。なお、本解説の第2章、第3章は、石塚・前掲書の第2章第2節および同第3節の記述に基本的に依拠していることをあらかじめお断りしておく。

の自由法理論の形成と確立」の中で、私は胡平論文を取りあげた。拙著刊行の後、日本在住の何人かの中国人研究者から、「私も大学生の時に、胡平さんの『言論の自由を論ず』や『競選宣言』を読んだ」という手紙やメールをいただいた。あらためて、胡平氏の論文が当時の青少年に与えた影響の大きさを認識した。

　ただ、私にとって、心残りだったのが、拙著はあくまでも「中国政府・共産党および体制内にある法学界」の言論の自由をめぐる法思想、法理論および法制度を検討の柱としていたことである。胡平氏の論文の位置づけに苦慮し、結局のところ、「言論の自由の保障およびその実現が民主化運動における民主・人権要求の中心におかれていたということ、および中国政府・共産党および体制側の学術界が、これに反駁を加える過程において、『人権』概念を容認し、言論の自由に対する認識を理論化あるいは体系化させていったということを明らかに」〈注6〉する一資料として、胡平氏の論文を検討対象としたにすぎなかった。

　今回、翻訳という形で、胡平氏の「言論の自由を論ず」の全文を紹介することができ、ようやく胸のつかえが少しとれたような気がする。

第2章　胡平氏の略歴および胡平論文をめぐる論争
　　　　──「言論の自由を論ず」が提起したもの

　本書の刊行にあたり、胡平氏に序文の執筆を依頼していた。彼は、1987年にアメリカに渡った後に、すでに「私はなぜ『言論の自由を論ず』を書いたのか［我為什麼写《論言論自由》］」という長文の論文を発表していたが〈注7〉、今回、それを大幅に修正して、簡潔にまとめ、序文の代わりとしたいと回答して下さった。

　実際に送られてきた「私はなぜ『言論の自由を論ず』を書いたのか──序に代えて［我為什麼写《論言論自由》──代序］」（以下、胡平代序と略記）は、きわめて詳細で、かつ興味深い内容を含んでいる。胡平代序の前半部分は、いわば胡平氏の回想録と位置づけることができる。魏京生氏の「独断専行」

　　〈注6〉石塚・前掲注5書5〜6頁。
　　〈注7〉胡平「我為什麼写《論言論自由》」同『給我一個支点』（聯経出版事業公司〔台湾〕、1988年）3〜41頁。

私はなぜ「言論の自由を論ず」を翻訳したのか─解説に代えて　　149

に対して民主派知識人の中でも懸念する声があったこと、「北京の春」当時に、体制内改革派（共青団）と胡平氏らとの間に接触があったこと、出版社の政治情勢に対する「見通しの甘さ」から胡平氏の単行本の出版が実現しなかったこと、等々、私も今回初めて知ったような事実も少なくない。胡平代序の後半部分では、「天安門事件（六四事件）」以降の状況について、胡平氏の基本的認識が明確に示されている。すなわち、政治的民主化を欠く経済発展を徹底的に批判し、言論の自由こそが最優先の実現課題であることを強調する彼のスタンスは、「言論の自由を論ず」を執筆した時からまったくぶれていない。そして、「08憲章」に一定の評価を与えながらも〈注8〉、言論の自由・政治的民主化についての彼の将来展望は、一貫して悲観的である。

すでに、胡平氏の略歴および彼の「言論の自由を論ず」（以下、胡平論文と略記）についてこれ以上の解説は不要ではないだろうかという感がしてならない。できる限り、屋上屋を架すことにならないよう注意しつつ、ここでは、胡平氏の略歴および胡平論文をめぐる論争について補足説明を加えたい。

1．胡平論文の発表とそれをめぐる政治的状況
(1) 『七十年代』誌上における発表（1981年）

胡平氏は1947年8月に北京市で生まれた〈注9〉。「文化大革命」開始時は高校3年を終えたところで、1969年3月には四川省の農村に「下放」され、5年間にわたり「知識青年」として農作業に従事することを余儀なくされた。その後は、代理教師、工事人夫、街頭販売員等で生活していたといわれる。1978年に北京大学哲学系修士課程に入学し、民主化運動「北京の春」にも参加した。

論文「言論の自由を論ず」については、1975年7月にすでに第1稿を書きあげ、その後も推敲を重ねた。「北京の春」の際には、この第4稿を民間の非公認雑誌『沃土』に発表し（1979年3月）、それを壁新聞［大字報］という形でも公開した（同年4月）。しかしながら、当時、この論文に対する一般大衆の反響は、胡平氏の予想をはるかに下回るもので、彼をひどく落胆させたと

〈注8〉胡平氏の「08憲章」に対する評価について、胡平「《零八憲章》有可能成為歴史上最偉大的一次簽名活動」『民主中国』ウェブサイト（http://minzhuzhongguo.org/Article/wq/200812/20081230121243.shtml）も参照。

〈注9〉胡平氏の経歴については、「胡平――力破重囲的民運理論家和活動家」馬漢茂・斉墨主編『大陸当代文化名人評伝』（正中書局〔台湾〕、1995年）286〜307頁が詳しい。

いうことは、胡平代序に記述されているとおりである。その後、1980年11月、胡平氏は論文「言論の自由を論ず」(第5稿)を自らの政策綱領(「競選宣言」)として掲げて、北京市海淀区人民代表大会の代表選挙に立候補した〈注10〉。北京大学の学生選挙区において、彼は3000票余りの得票で当選し、この選挙活動を通じて、国内外で一定の知名度を得ることとなった。

　1981年に論文「言論の自由を論ず」は、香港の雑誌『七十年代』において公表された〈注11〉。論文はかなりの長編であるため、3月号から6月号にかけて4カ月に分けて連載された。すでに、「北京の春」は、魏京生氏ら民主活動家のリーダーの逮捕や壁新聞の規制等によって終息しており、胡平氏の論文はそのしばらく後に公表されたことになる。論文公表の当時は、「下からの民主化」は圧殺されていたものの、他方で、「上からの民主化」が試みられ、中国社会において一時的に政治改革の気運が高まりをみせていた時期でもあった。すなわち、1980年8月に当時の実質的な国家の最高指導者鄧小平が「党と国家指導制度の改革［党和国家領導制度的改革］」〈注12〉と題する講話を行い、政治改革に対する積極的姿勢を示したことにより、知識人の間で様々な政治改革をめぐる論議が展開されていたのである〈注13〉。

　こうした状況の中で、結果として、胡平論文の公表の場が、中国国内(大陸)の雑誌ではなく香港の雑誌になったのは、胡平論文の内容が直接的ではないにしろ中国政府・共産党に対する鋭い批判を内包していたこと、および胡平氏自身が「北京の春」や人民代表大会選挙における活動を通じて当局からマー

〈注10〉中国の選挙制度については、木間正道『現代中国の法と民主主義』(勁草書房、1995年)64～92頁、林来梵『中国における主権・代表と選挙』(晃洋書房、1996年)63～210頁、木間正道・鈴木賢・高見澤磨・宇田川幸則『現代中国法入門(第4版)』(有斐閣、2006年)70～73頁(鈴木執筆部分)等を参照。

〈注11〉胡平「論言論自由」『七十年代』1981年3月号(総第134期)72～79頁、同年4月号(総第135期)57～65頁、同年5月号(総第136期)67～72頁、同年6月号(総第137期)67～75頁(連載)。

〈注12〉「党和国家領導制度的改革(1980年8月18日)」『鄧小平文選(第2巻)』(人民出版社、1983年)320～343頁。

〈注13〉その代表例が、体制内政治学者廖蓋隆氏(党中央政策研究室研究員)が1980年10月に共産党中央に提案した政治改革案(「庚申改革方案」)である。この提案は、二院制の導入、法の下の平等と司法の独立の保障、共産党と政府の分離(党政分離)、労働組合の共産党からの自立、広範な報道の自由と「知る権利」の確立、党中央政治局の廃止等、当時としてはきわめて斬新な内容を包含するものであった。しかし、結局、それは1980年12月の共産党中央工作会議において否決され実行に移されることはなかった。その内容は中国国内(大陸)においては公表されていないが、その一部が香港の雑誌『七十年代』に掲載されている(廖蓋隆「中共『庚申改革』方案」『七十年代』1981年3月号〔総第134期〕38～48頁。

クされていたこと等が考えられる。

　胡平論文は中国政府・共産党に対する直接的批判を避け、あくまでも言論の自由を学術的に考察するという形態をとってはいたが、この論文の公表に対する体制側の反応はすばやかった。早くも1981年に葉子論文「絶対的な言論の自由は存在するか？［有絶対的言論自由嗎？］」〈注14〉と李歩雲・周元青論文「法律と自由［法律与自由］」〈注15〉が共産党機関誌の『紅旗』誌上に公表され、名指しこそ避けてはいるものの明らかにそれと分かる形で胡平論文に対する全面的な批判を展開したのである。さらに、1982年に公表された谷春徳論文「『天賦人権』説を論ず［略論"天賦人権"説］」〈注16〉は、西欧的な「天賦人権論」を激しく論難し、この論文も体制側の法学者による胡平論文批判の一環であると位置づけることができる。ちなみに、当時、李歩雲氏は法哲学・憲法学を専門とする中国社会科学院法学研究所の研究員、谷春徳氏は法思想史を専門とする中国人民大学法学部の教員であり、いずれも中国法学界の主流派に属する法学者であった。この点から、中国政府・共産党が法学者を「動員」して、胡平論文に対する反駁を試みた状況をうかがいしることができよう。

(2)　『青年論壇』誌上における発表（1986年）

　北京大学を修了後、胡平氏はしばらく就職口がみつからなかったが、1983年夏に北京出版社に配属され、その1年半後には北京市社会科学院哲学研究所に入所した。その陰には胡耀邦、胡啓立ら改革派の政府・共産党指導者の助力があったともいわれる。

　1986年に胡平氏は、論文「言論の自由を論ず」を『七十年代』に公表したものと同じ内容で中国国内（大陸）の雑誌『青年論壇』に公表した〈注17〉。7月号と9月号の2号連載である。

　1986年は、5月がちょうど「百花斉放、百家争鳴（双百）」〈注18〉提唱30周年にあたり、再び政治改革に関する議論が盛んになっていた時期である。鄧小平も再び「政治体制改革」という語を口にするようになっていた。1986年

　　〈注14〉葉子「有絶対的言論自由嗎？」『紅旗』1981年第7期31〜35頁。
　　〈注15〉李歩雲・周元青「法律与自由」『紅旗』1981年第22期16〜19頁。
　　〈注16〉谷春徳「略論"天賦人権"説」『紅旗』1982年第7期32〜36頁。
　　〈注17〉胡平「論言論自由」『青年論壇』1986年7月号（総第11期）105〜125頁、同年9月号（総第12期）77〜126頁（連載）。

６月には、「政治体制改革をやらなければ、形勢に適応できない。改革は政治体制の改革を包括するべきであり、それを改革が前進する指標としなければならない」〈注19〉と述べ、さらに「我々のあらゆる改革が最終的に成功するかどうかは、政治体制の改革によって決まる」〈注20〉とさえ断じている。このような状況下において、知識人の多くが政治改革推進の立場から発言し、各地で様々な研究会や討論会が開催された〈注21〉。やがて、こうした気運は学生運動を誘発し、1986年末の一部の知識人を巻き込んだ民主化運動「学潮」へとつながっていく。

　このような政治的・社会的状況が、胡平論文の中国国内（大陸）における公表を可能にしたのであろう。胡平論文に対する反響は大きく、1986年9月には『青年論壇』誌主催の学術座談会が北京において開催され、その内容は『青年論壇』1986年11月号に紹介された〈注22〉。1981年に香港の『七十年代』誌上に論文を公表した際には、胡平氏は反体制派のレッテルを貼られ、『紅旗』誌上において政治的に論難されたにとどまったが、1986年に『青年論壇』誌上に論文を公表するに至っては、彼がすでに北京市社会科学院研究員という身分を獲得していたということや当時の政治改革の気運の高まり等が要因で、彼の論文は学術的な議論の対象として取りあげられたのである〈注23〉。

〈注18〉1956年に毛沢東の主導の下で中国共産党が提唱した言論自由化政策のスローガンを指す。当初、知識人はこの政策に懐疑的で、警戒して自己の見解を発表しようとしなかったが、中国共産党の積極的な推進活動もあり、1957年5月頃から一斉に発言を開始した。それらの発言の中には言論・学問の領域に対する政府・共産党の介入や干渉の排除を求める内容のものも含まれていた。しかしながら、知識人の主張や要求がやがて政治体制の改革や「共産党の指導」の否定等にエスカレートするに至って、毛沢東ら共産党中央はこれまでの方針を180度転換し、同年6月以降、共産党を批判・攻撃した知識人を「ブルジョア右派」として徹底弾圧した。これが、すなわち「反右派闘争」である。

〈注19〉「在聴取経済情況匯報時的談話（1986年6月10日）」『鄧小平文選（第3巻）』（人民出版社、1993年）160頁。

〈注20〉「在全体人民中樹立法制観念（1986年6月28日）」『鄧小平文選（第3巻）』（人民出版社、1993年）163頁。

〈注21〉例えば、「我国的政治体制改革与政治学的発展——中国社会科学雑誌社召開的"政治体制改革"学術座談会総述」『中国社会科学』1986年第4期（総第40期）3～14頁等を参照。

〈注22〉「首都各界人士座談『論言論自由』」『青年論壇』1986年11月号（総第13期）111～127頁。

〈注23〉この胡平論文の再公表に対して、中国政府・共産党が全く無反応であったわけではない。例えば、『紅旗』誌上においては、呉建国氏が「自由」の概念について哲学的な視点から胡平論文に対する論駁を試みている（呉建国「関於自由問題的"反思"」『紅旗』1986年第17期32～38頁）。この論文に対する再反論として、胡平「『自由』的歧義与岐途」『新観察』1986年第21期、于浩成「自由的両種概念不能混淆——対呉建国《関於自由問題的"反思"》一文的商榷」『文匯報』1986年11月7日を参照。

『青年論壇』11月号の座談会紹介によれば、その会議の席上で発言した者は以下のとおりである（肩書は座談会当時のものであり、中国語表現をそのまま用いている）。厲以寧（北京大学経済学院教授、『青年論壇』顧問）、杜汝楫（中国政法大学教授）、何家棟（工人出版社）、李凌（中国社会科学出版社）、楊鋼（北京出版社）、梁治平（中国人民大学法律系）、莽萍（中国人民大学新聞系研究生）、陳恒六（中国科学院自然科学史研究所）、閔琦（中国社会科学雑誌社）、黎鳴（民政部民政管理幹部学院）、甘陽（中国社会科学院哲学研究所）、孫立平（北京大学数学系）、王軍涛、李盛平（中国社会科学院マルクス・レーニン主義研究所）、陳子明（中国社会科学院哲学研究所）、王潤生（中国政法大学法律系）、斉海濱（北京大学法律系）、楊百揆（中国社会科学院政治学研究所）、呉知論（北京大学国際政治系）。この参加者の顔ぶれをみる限り、政治学者が多く参加しているのが特徴である。このことは、この座談会もまた当時の政治体制改革論議と密接に関連していたことを示している。

　ちなみに、この参加者の中には、後に、1986年末の「学潮」や1989年春の「天安門事件」で学生を擁護し、中国政府・共産党を批判する論陣を張ったため、当局によって弾劾され、さらには逮捕・投獄され、あるいは海外への亡命を余儀なくされた者も何人か含まれている。当時、中国政治学界の多くは政治改革推進派であり、さらに、厳家祺氏（中国社会科学院政治学研究所所長）ら一部の政治学者は「学潮」や「天安門事件」において失脚した胡耀邦や趙紫陽ら政府・共産党の改革派指導者のブレーンを務めていた。そのため、彼らは、既存の社会主義体制および「共産党の指導」の堅持を目指す政府・共産党の保守派と対立することを結果として余儀なくされたのである。

　胡平氏ももちろん『青年論壇』誌主催の座談会に出席しているが、その後、彼は、「学潮」が強権的に抑圧され、政治体制改革論議が急速に後退していく中で、1987年1月にアメリカに留学し、ハーバード大学博士課程に入学した。そして、中国に帰国せずそのままアメリカにとどまったため、1988年に北京市社会科学院は胡平氏の公職および公費留学生の資格の剥奪を発表した。彼はアメリカで「中国民主団結聯盟」に参加し、1989年の「天安門事件」の際には、アメリカから「中国の大学生に宛てた公開書簡［到全中国大学生的公開信］」を送ったとして、陳希同北京市長から名指しで批判を受けた〈注24〉。現在はアメリカにおいて発行されている中国語の民主化論壇誌『北京之春』の主筆［主編］を務めている。

2．胡平論文の主要論点

　胡平論文から何を感じとり、またそれをどのように評価するかは、いうまでもなく、読者の自由である。また、胡平論文はきわめて長編の論文であり、その論点も多岐にわたるため、ここですべての論点を網羅することは到底不可能である。ここでは、『紅旗』反駁論文を念頭におきながら、その主要な論点をいくつか取りあげ、民主派知識人胡平氏と体制側の学者との言論の自由に対する認識の相違を析出したい。胡平論文は、「序言」、「第1章：言論の自由の意義と価値」、「第2章：言論の自由の力量とその実現過程」、「結語」から構成されるが、体制側の法学者が問題視したのは主に胡平論文の第1章である。

(1) 言論の「自由」について

　まず、胡平氏は、言論の自由とは「各種意見を発表する自由のことである」と定義づけ、そこには「良い話、悪い話、正確な話、誤った話のすべてが包括される」とする。そして、「もし、言論の自由が権力者（当局者）の意志の許可する範囲内を限度とするにとどまるのであれば、古今東西、いかなる国家の言論が不『自由』なのであろうか」と述べ、言論の自由の絶対性を主張する。その上で、言論の自由概念における「自由」とは、「哲学的命題」としての「客観的必然性に対する洞察」を意味するのではなく、「自由」という語の最も簡単な含意としての「外在的制限から抜け出す」という意味で解釈すべきであるとする。「自由」を「客観的必然性に対する洞察」として把握し、「言論の自由は、でたらめやでまかせをいうことを意味するものでは決してなく、それは事物の発展の必然性に従わなければならない」という見解に対しては、「それならば、なぜ、憲法において『行動の自由』という1カ条が記述されていないのか」として反論を加えている〈注25〉。

〈注24〉陳希同「関於制止動乱和平息反革命暴乱的情況報告（1989年6月30日）」『人民日報』1989年7月7日（和訳として、矢吹晋編訳『チャイナクライシス重要文献〔第3巻〕』〔蒼蒼社、1989年〕254〜255頁を参照）。
〈注25〉胡平「言論の自由を論ず」第1章第2節、同第3節。

(2) 言論の自由の階級性について

　胡平氏は、言論の自由は「ブルジョア階級の言論の自由」と「プロレタリア階級の言論の自由」とに区別できるものではないと主張する。いわゆる「ブルジョア階級の言論の自由」として通常考えうるのは次の2つの状況である。1つめは、「ブルジョア階級のみに意見発表の自由を許容するということ」であり、2つめは、「ブルジョア階級の利益を根本的に侵犯しない意見を発表する自由のみを許容するということ」である。「前者は発言者の身分を制限するものであり、後者は言論の性質を規定するものである。しかしながら、このような状況は、実際にはいずれも言論の不自由なのであり、『ブルジョア階級の言論の自由』といえるようなものではないのである」。そして、ブルジョア階級的なものとプロレタリア階級的なものとを区別して論じる人々に対して、結局のところ、「彼らは、何がブルジョア階級のものであるかをまったく理解しておらず」、「彼らは自らが理解できない一切のものに対して、ブルジョア階級の名称を冠している」と厳しく批判している〈注26〉。

(3) 言論の処罰（反革命罪）について
ア　言論と行為（行動）の峻別について

　胡平氏は、言論と行為（行動）とは峻別すべきものであるとし、従来の体制側による言論の自由に対する理解に対して、それらへの論駁を試みている。第1に、「いかなる国家の統治者も、人々が根本的制度においてその政権を否定することを許容しておらず、それゆえ、そのような根本的制度に対する反対意見は禁止すべきである」という見解に対しては、「言論と行動とを区別しない典型的な論調である」として、『資本論』を例に挙げ、「まさに、根本的制度からブルジョア階級統治を否定しているものではなかろうか。どうして、それが、多くの資本主義国家において公に出版できるのだろうか」と指摘している。第2に、「公民の基本的義務を遵守しなくてもよいとでもいうのか」という見解に対しては、「義務の履行とは行動を指し、思想・言論を指すものではないことは明らかである」とし、「義務を規定することが必要なのは、まさに、全員の見解が必ずしも一致するとは限らないからなのである。……義務の規定は、意見に分岐がありうることを承認するという基礎の上で、行為

〈注26〉胡平「言論の自由を論ず」第1章第11節、同第12節。

の一致を要求するものなのである」と述べる。そして、「反対意見の提起を義務違反とみなすことは、根本的に『義務』という語の含意を理解していないことを示している」と手厳しい。第3に、憲法そのものは神聖なものであるから、「人々は、各種意見を発表する権利を有してはいるものの、根本から憲法を批判することは許容されない」という見解に対しては、「我々がいうところの、憲法を侵犯してはならないとは、人々の行為を意味している。我々がいうところの、憲法に反対してもかまわないとは、人々の言論を意味している」と反論する。第4に、公開の談話や文章の発表はすべて行動とみなされる、という見解についても、「詭弁」として一蹴する。すなわち、憲法上記載されている「言論の自由の条項は、人民が長期にわたる流血の闘争により追求してきた神聖な権利であるというのに、今になって、それが、陰で不平不満をいったり、ひそかに個人的に日記をつける程度のものにすぎないとでもいうのだろうか」。そして、結論として、胡平氏は、「言論が直接に行動と関連した時に、初めて、言論は犯罪となりうる可能性があるのである」と主張する。そして、「いわゆる誣告、誹謗、煽動がそれに属する」が、「我々は、誣告、誹謗、煽動について明確な定義づけを行い、それらに確実な基準を提供しなければならない」と述べ、それらについての定義および認定基準を提示している〈注27〉。

イ　言論の処罰（反革命罪）の認定基準について

　胡平氏は、「言論の処罰には、解決できない難題もある。それは、すなわち基準の確定の問題である」と述べる。いかなる言論を禁止するかについて、もし、その基準を厳格かつ確定的にすれば、字句に固執・拘泥する結果をもたらし、その結果、融通がきかなくなり、様々な抜け道が生まれ、その基準は完全に禁止の作用を果たしえないであろう。他方で、もし、その基準を弾力的かつ全面的にすれば、傾向を追究することになる。それは法律執行者の理解能力を通じて実現されることになり、人治をもたらし法治を取り消すことに等しい〈注28〉。

ウ　「反党・反革命」の言論について

　胡平氏は、さらに続けて、例えば、「一切の反党・反社会主義・反人民の言

〈注27〉胡平「言論の自由を論ず」第1章第5節～第10節。
〈注28〉胡平「言論の自由を論ず」第1章第17節。

論を禁止する」と規定した場合、一見優れた基準のようにもみえるが、当該言論がそのような類型に属するかどうかについて誰がどのように判断するのか、と疑問を投げかけている。そして、「結局のところ、人数がより多く権力がより強い一方が、自己の判断を他方に押しつけるだけである。これこそが『強権すなわち真理』の論理なのである」と断じている〈注29〉。

エ　言論処罰による萎縮的効果について

　胡平氏は、「言論を罪に問う［因言治罪］という雰囲気の下においては、思考しない人が最も安全である」と言論処罰による萎縮的効果を指摘する。すなわち、「一個人が、他人と相互に認識を交換する前において、自己のある観点について多少なりとも確信をもつことはきわめて困難である」。「しかし、言論の不自由の雰囲気の下で、このような認識の交換もまた不可能である。それゆえ、こうした状況は、多くの人が、心の底から疑問や反感をもっていたとしても、必ずしも自己の観点を正式に表明しようとはしないということを決定づけている」。そして、「人々は、十分に言語手段を運用して自由に思想を交流すればするほど、正確な認識に到達し、より理智的に行動することができる」ということを理由に、「言論の抑圧は往々にして誤った行動を防止することにはならず、かえって深思熟慮の行動を防止することになるのである」と論じる。つまり、「言論の制限は、決して行動を制限することではなく、思想を制限することなのである。より厳密にいえば、それは、思想の交流、思想の成熟、思想の発展を制限することであり、それにより、理性が扼殺されるのである」〈注30〉。

3．胡平論文に対する反響

(1)　『紅旗』反駁論文（1981年）

　1981年に『七十年代』誌上に公表された胡平論文に対して、全面的な反論を展開したのは、『紅旗』誌上に公表された葉子論文と李歩雲・周元青論文である。ただし、両論文とも、胡平氏を名指しで批判するのではなく、「ある人［有人］」という表現を用いている点が興味深い。

ア　言論の「自由」について

〈注29〉同上。
〈注30〉胡平「言論の自由を論ず」第1章第16節、同第20節1、第2章第4節。

葉子論文は、「確かに、自由とは外在的強制から抜け出そうとするものである。しかし、外在的強制からの脱却は、よりよく自然、社会、思考の内在的規律を探索し、客観世界の必然性を洞察するためであり、それにより社会の前進を促すのである」とする。我々は、「一個人の一字一句が正確であることを要求することはできない。誤った話をすることも許すべきであり、これは客観的規律を探索する過程においては不可避的なものである。しかし、誤りは正確への先導となるべきであり、討論、論難、批判および自己批判を通じて、最終的に正確な観点に統一されていく」。したがって、「外在的強制からの脱却を口実にして、『自由とは必然性に対する洞察である』というマルクス主義の原理を否定し、言論の自由は人民および国家の利益と一致すべきであるという根本原則を放棄してはならない」と主張し、言論の自由の絶対性を否定している〈注31〉。

イ　言論の自由の階級性について

　葉子論文は、「階級が存在する社会において、言論の自由は具体的、相対的で、階級性を有し、抽象的、絶対的、超階級的ではない」と断言する。「我々社会主義社会の言論の自由はある一定の制限を受けるものである。しかし、このような制限は人民の利益を擁護することからのみ出発する。これと専制主義とは少しも関係がない」。そして、ブルジョア階級憲法の言論の自由条項は資本の統治的地位の擁護を前提としている、と述べる。多くの資本主義国家においてマルクスの『資本論』が公に出版されているという胡平氏の指摘に対しても、資本主義国家が『資本論』のようなマルクス主義著作の出版を許容しているのは、それを伝播・宣伝するためではなく、それを批判・歪曲・包囲殲滅するためである、と激しく反論している。結局のところ、「資本主義社会において、いわゆる言論の自由はブルジョア階級思想を宣伝する自由、金持ちが雑誌刊行物を買い集め賄賂を与える自由にすぎず、それは金持ちが雑誌刊行物の虚言を利用して人民に麻酔をかける自由である。労働人民についていえば、それは紙上のものにすぎない」〈注32〉。

ウ　言論の処罰（反革命罪）について

(ｱ)　言論と行為（行動）の峻別について

〈注31〉葉子・前掲注14論文32頁。
〈注32〉葉子・前掲注14論文31〜32頁。

李歩雲、周元青両氏は、言論と行動を絶対的に切り離すことは誤りである、と述べる。すなわち、「言論は思想を表現する方法の一種である」が、それが「一つの社会的行為あるいは行動を構成するかどうかについては具体的に分析しなければならない」とする。例えば、「一個人の言論が、もし一定の方式を通じて、一定の場合において、人々に対して宣伝あるいは散布されれば、例えば、ある人が演説をし、談話を発表し、あるいは文字のたぐいを用いて思想や観点を発表し拡散すれば、このような言論は一つの社会的行為あるいは行動を構成する」。そして、もし、それが「反革命の目的」からなされ、「社会的危害の結果」をもたらすものであれば、そのような言論は「一種の反革命行動」を構成し、刑法第102条（反革命煽動罪）の規定に照らして処罰しなければならない、と主張する〈注33〉。

(イ)　言論の処罰（反革命罪）の認定基準について

　この点について、李歩雲、周元青両氏は、「法律の条文の明確化、具体化は相対的なものであり、絶対的なものは不可能である」とする。彼らは「罪と非罪との限界を区別する際、『事実を根拠とし、法律を基準とする』ことのみを堅持し、真摯に調査研究をし、主観的片面性に陥らず、事にあたり感情に走らず、いい加減に事案を決定せず、犯罪構成理論を厳格に把握し、刑法の反革命罪に関する具体的規定を適切に執行」すれば、罪となる反革命言論とそうでない言論とを正確に区別することができる、というかなり楽観的な見通しを示している。そして、「もちろん、反革命煽動罪の基準は比較的掌握するのが困難であるということは事実である」としながらも、「しかし、この事実は、我々がこのたぐいの案件を処理する際、十分注意深く慎重でなければならないという理由にはなりうるが、決してこれを反革命言論が法律の処罰を受けないという根拠にすることはできない」と断じている〈注34〉。

(ウ)　「反党・反革命」の言論について

　この論点についても、葉子論文は胡平論文と平行線である。胡平論文に対する反論になってはいないが、葉子論文は次のように述べる。「もし、ある人が言論の自由を口実にして、反革命言論を発表し、4つの基本原則〈注35〉の悪口をいってこれに反対し、人民民主主義独裁の政権および社会主義制度に危

〈注33〉李歩雲ほか・前掲注15論文17～18頁。
〈注34〉李歩雲ほか・前掲注15論文18頁。

害を与えれば、法律の禁止および追究を受けるであろう。同時に、いかなる個人の自由・権利も、彼が公民として負担する義務と不可分である。我々の憲法は、公民が共産党の指導を擁護し、社会主義制度を擁護し、プロレタリアート独裁を擁護し、マルクス・レーニン主義と毛沢東思想の指導に従い、祖国を防衛する等の義務を有することを規定している。『自由』にこれらの義務を放棄すれば、誰でも享有すべき一切の自由・権利を取り消されるのである」。「人民の立場に立ち、憲法および法律を擁護することによってのみ、いかなる意見および言論の発表（誤ったものも含む）も、法律の保護を受けられるのである。例えば、4つの基本原則の擁護と堅持は、すべての公民が履行しなければならない義務であると憲法は規定している。反党・反社会主義の言論を発表することは、当然、許容されるものではない」〈注36〉。

㈣　言論処罰による萎縮的効果について

　胡平論文の指摘に対して、李歩雲、周元青両氏は、「事実はちょうど反対であり、反革命言論に自由を与えないことは、まさによりよく公民が言論の自由の権利を行使することを保障するためである」と主張する。すなわち、反革命言論を処罰することにより、まず、反革命分子の社会主義制度転覆の目的達成を粉砕し、人民の主人公としての政治的地位を保衛し強固にすることができる。次に、人民が反革命分子の誣告や誹謗に遭うことを回避し、彼らの政治的・人身的自由を保障することができる。さらに、人民大衆による反革命分子との闘争を支持し、それに法律的武器と保護を与えることができる〈注37〉。

〈注35〉社会主義の道、人民民主主義独裁、共産党の指導、マルクス・レーニン主義と毛沢東思想の堅持を指す。鄧小平が、1979年3月に党理論工作研究会議において提起した（「堅持四項基本原則〔1979年3月30日〕」前掲『鄧小平文選〔第2巻〕』164〜165頁）。この「4つの基本原則」の堅持は、民主化運動「北京の春」を封殺し、人権・民主を要求する言論に対して「限界点」を設定する意味を有していた。その後、1982年12月に、この「4つの基本原則」の堅持は、全公民の法的義務として憲法の前文に明定された。注意すべきは、葉子論文の公表は1981年であるにもかかわらず、同論文が、「4つの基本原則の擁護と堅持は、すべての公民が履行しなければならない義務であると憲法は規定している」と断言していることである。このことは、当時、来るべき憲法改正において、「4つの基本原則」の堅持が憲法に書き込まれることが、すでに既定路線となっていたこと、より直截にいえば、「法に対する政治の優位」、すなわち憲法の「軽さ」を示している。
〈注36〉葉子・前掲注14論文33〜34頁。
〈注37〉李歩雲ほか・前掲注15論文18頁。

(2) 『青年論壇』誌座談会 (1986年)

　以上の『紅旗』反駁論文の激しい論調に比べ、1986年9月に開催された『青年論壇』誌主催の学術座談会においては、胡平論文に対して参加者の多くが肯定的評価を与えている。例えば、「胡平論文を現代中国の人権宣言と称しても誉めすぎではないだろう」(何家棟氏)、「胡平論文を読んで、欧州啓蒙学者の論じた文章という印象を受けた」(梁治平氏)、「胡平論文の意義はミルの『自由論』にひけをとらない」(閔琦氏)、「胡平論文の最大の貢献は多くの人が認識していたことを勇気をもって論じたことである」(李盛平氏)、「胡平論文は中国知識人がいかに行動し、いかに問題を考えるかを指し示した」(陳子明氏)、「胡平論文は中国の国情に適合し、中国人の心理をつかんでいる」(呉知論氏) 等である。

　また、胡平論文に対する異論の提起も、どちらかといえば技術的な問題が多い。例えば、「言論と行為との間の限界がなお漠然としている」(楊鋼氏)、「歴史的・統計学的論証が不足している」(黎鳴氏)、「言論の自由に対する定義について、言論を一切の領域にまで拡大してよいのか」(王潤生氏) 等であり、それらは胡平論文に対する若干の疑問、あるいはさらなる要望といった性格のものである。

　むしろ、参加者の多くは、胡平論文に積極的に賛同した上で、中国政府・共産党に対する問題提起という形で発言したのである。それらは4種類に大別することができる。

　第1は、言論の自由が政治改革・経済改革といかなる関係にあるのかという点についての発言である。例えば、「改革に対する理論的検証が十分になされなければ、経済改革や政治改革は中途半端なものになる」(杜汝楫氏)、「一部の人は、経済改革が必然的に政治改革をもたらす、あるいは、政治改革は経済改革の需要のためのものにすぎないと考えているようだが、それでは、民主・自由は独立した価値を有するのであろうか。それは独立した目標なのであろうか」(甘陽氏)、「政治改革について、一部の人は解決すべきは行政効率の問題であると考えている」(王軍涛氏) 等である。

　第2は、政治体制改革推進のためには言論の自由の保障が不可欠であるという立場に立った上で、言論の自由の保障のためには具体的に何が必要なのかという点についての発言である。例えば、「情報は政策決定の根拠であり、十分な情報の流通は正確な政策決定に役立つものである」(厲以寧氏)、「憲法

実施の委員会が欠如しているため、言論の自由が侵犯を受けた場合の救済制度が存在しない」（何家棟氏）、「言論の自由が報道・出版の自由と一つになって、初めて自由な公共世論を形成することができ、国家権力に対して有効な制限を加えることができる」（莽萍氏、関琦氏、黎鳴氏）、「政治の公開および知る権利［知情権］は言論の自由の内容の一つとしてきわめて重要である」（楊百揆氏）等である。

第3は、言論の自由それ自体の位置づけに対する発言である。例えば、「言論の自由は我々が生まれながらにして有する権利である」（李凌氏）、「より重要なのは人身の自由であり、人身の自由がない状況の下では、たとえ法律上言論の自由が明記されていても、実際の社会生活の中ではそれは実現されえない」（楊百揆氏）等である。

第4は、中国の伝統思想・文化が言論の自由の実現の阻害要因となっているという発言である。それは「共産党の指導」に対する疑問をも内包している。例えば、「『精神汚染』はいかにして測定するのか」（李凌氏）、「法律と道徳の未分離や国家・権力・官僚崇拝等の古い観念が言論の自由の実現を阻害している」（梁治平氏）、「中国には、①封建伝統、②スターリン伝統、③長期にわたる革命戦争の中で形成された経験、④マルクスに対する誤解という4種類の伝統が存在する」（王軍涛氏）等である〈注38〉。

第3章 「中国的人権観」における言論の自由の位置
——「言論の自由は第一の人権である」が批判したもの

1949年10月の中華人民共和国建国以降、中国政府・共産党は、「人権」を「ブルジョア的なもの」として切り捨て、国際的な場を除いて「人権」という語の使用を忌避し続けてきた。憲法用語においては、「公民の基本的権利」という表現が一貫して使用されてきた。また、すでに言及したように、言論の自由は、「公民の基本的権利」の一つとして、中華人民共和国の歴代の憲法すべてに明定されてはいたものの、その内包について中国政府・共産党および法学界はほとんど何も語ってこなかった〈注39〉。

このような中国政府・共産党の姿勢を変化させたのが、「北京の春」、「学

〈注38〉前掲注22座談会111〜127頁。

潮」、「天安門事件」といった民主化運動である。民主化運動自体は強権的に抑圧されたものの、中国政府・共産党は、民主活動家や民主派知識人から提起された民主・人権要求、および民主化運動弾圧に対する西欧諸国や国際的な人権NGOの批判に対して、有効に反駁を加える必要に迫られた。この反駁の役割を理論面において担ったのが中国法学界（哲学界、社会学界も含む）であったことは上述のとおりである。そうした反駁の過程の中で、中国政府・共産党および法学界が理解する人権観および言論の自由観が、次第にその輪郭をはっきりさせていくのである。そして、その理論的集大成といえるものが、1991年11月に中国政府（国務院報道辦公室）が公表した「中国の人権状況」〈注40〉という白書（人権白書）であった。

　胡平氏の「言論の自由は第一の人権である［言論自由是第一人権］」（以下、胡平第2論文と略記）という論文は、そうした「中国的人権観」に対する全面的な再反論である。胡平第2論文は、1993年6月に第1稿が完成し、その後、1998年12月に大幅な加筆・修正が施された。2001年5月の最終修正稿が『犬儒病――当代中国精神危機』という彼の著書の中に所収されている〈注41〉。胡平氏の再反論の矛先は、中国政府・共産党が強調する①文化相対主義、②生存権最優先、③安定団結、④「国情」、⑤「いかなる国の人権状況も完全ではない」こと、の5項目である。胡平氏の再反論の当否については、読者の自由な判断に委ねるとして、ここでは、胡平氏の批判の対象である「中国的人権観」について補足説明を加えたい。

1. 鄧小平の言論の自由観

　「中国的人権観」の形成過程で、これに強い影響を与えたのは鄧小平の人権観である。

〈注39〉詳細については、石塚迅「『人権』条項新設をめぐる『同床異夢』――中国政府・共産党の政策意図、法学者の理論的試み」アジア法学会編『アジア法研究の新たな地平』（成文堂、2006年）338～362頁、石塚迅「中国からみた国際秩序と正義――『中国的人権観』の15年」『思想』2007年第1号（第993号）142～160頁を参照。

〈注40〉国務院新聞辦公室「中国的人権状況」（中華人民共和国中央人民政府ホームページ〔http://www.gov.cn/〕から「公文公報」→「政府白皮書」→「中国的人権状況」の順に進む）。

〈注41〉胡平「言論自由是第一人権」同『犬儒病――当代中国精神危機』（博大出版社〔アメリカ〕、2005年）149～166頁。胡平第2論文は、シカゴ大学で開催された「六四」12周年記念会の演説稿としても用いられた（胡平「為言論自由不懈抗争――在芝加哥大学『六四』十二周年紀念会上的演講」『中国之春』2001年8月号〔総第210号〕88～95頁）。

鄧小平はしばしば政治改革に強い意欲を示したが、彼の意図する政治改革はその内容において機構改革の次元に止まるものであった。例えば、1986年6月に政治改革に対して再び強い決意を示した際、次のように述べている。「私は、政治体制改革の目的は、大衆の積極性を結集し、効率を向上させ、官僚主義を克服することであると考えている。改革の内容は、まず、党と政府を分離し、党がいかに適切に指導を行うかという問題を解決することである。これがカギであり第一位におかれなければならない。第2の内容は、権力を下放し、中央と地方の関係を解決し、同時に地方各級にも権力を下放させるという問題である。第3の内容は、機構の簡素化であり、これと権力の下放とは関連性を有している」〈注42〉。

　他方で、鄧小平は、西欧的な言論の自由については、これを「ブルジョア自由化」と断じ、一貫して強い警戒感を示し激しく反駁してきた。

　民主化運動に対する彼の反応がそのことを如実に表している。まず、「北京の春」については、「昨年の『西単の壁』の多くは、生き生きとした活発さといえるだろうか。もし、それを無制限にやらせれば、いかなる事態が出現したであろうか。……生き生きとした活発さと安定団結との間に矛盾が起こった場合、安定団結を妨げないという条件の下で活発さを実現すべきである。……文化大革命の経験は、動乱では前進することができず、後退するだけであり、秩序があって初めて前進することができるということをすでに証明している。我が国の現在の状況では、安定団結がなければ、一切がなく、民主や『双百』方針等もまったく論外になるといえよう」〈注43〉。と、続いて、「学潮」については、「ブルジョア自由化反対は不可欠のものであり、我々が自己の名誉を傷つけたと外国人が語るのを恐れてはならない。自己の道を歩み、中国的特色を有する社会主義を建設して、初めて中国には希望が生まれる。中国の政局が安定していることを外国人にみせつけなければならない。もし、ひどく混乱して、バラバラな砂［一盤散沙］のようになったら、いかなる希望があるだろうか。過去に帝国主義が我々を欺き侮辱したのは、我々がバラバラな砂であったからではないのか」〈注44〉とそれぞれ述べている。

〈注42〉「関於政治体制改革問題（1986年9月〜11月）」『鄧小平文選（第3巻）』（人民出版社、1993年）177頁。
〈注43〉「目前的形勢和任務」『鄧小平文選（第2巻）』（人民出版社、1983年）252頁。
〈注44〉「旗幟鮮明地反対資産階級自由化（1986年12月30日）」『鄧小平文選（第3巻）』（人民出版社、1993年）197頁。

彼の認識の中心にあるのは、混乱や内戦がもたらす無秩序な状態に対する危機意識である。彼は「文化大革命」の期間中に失脚を経験しており、それゆえ、彼もまた「文化大革命」の被害者であった。「文化大革命」における混乱状態を目のあたりにし、また自らも失脚したという経験から、彼にとって、大衆運動は混乱や内戦を生み出し、経済発展を阻害する要因にすぎないものとして把握された。それゆえ、言論や集会・示威の自由を認めることに対しても強い警戒感を抱いたのである。すなわち、「中国は改革開放を堅持しなければならない。これこそが中国の問題を解決する希望である。しかし、改革にあたっては必ず安定した政治環境がなければならない。……もし、形式的な民主を追求すれば、その結果は、民主を実現することができないだけでなく、経済を発展させることもできず、国家が混乱し、人心がバラバラになる局面を出現させるだけである。……我々には『文化大革命』の経験があり、その悪い結果を目のあたりにしている。中国は人口が多く、もし、今日デモをし、明日もデモをし、365日、毎日のようにデモ行進をすれば、経済建設等もまったく論外になるだろう」〈注45〉。

　このような「安定した政治環境」を維持するためには、対外的には国家が独立しており主権が確立されていなければならない。1989年の「天安門事件」における民主化運動武力弾圧に対する西欧諸国や国際的な人権保護団体の批判に反駁して、鄧小平は次のように論じている。「人々は人権を支持するが、国権というものがあることも忘れてはならない。人格を語るのであれば、国格というものがあることも忘れてはならない。特に、我々のような第三世界の発展途上国は、民族的自尊心がなければ、民族の独立を大事にしなければ、国家は立っておれない」〈注46〉。

　また、対内的には個人の権利に対する国家・社会・集団の利益の優位が強調される。例えば、鄧小平は「国家を統治するということは大きな道理であり、様々な小さな道理を管轄している。それら小さな道理にもあるいはそれなりの道理があるかもしれないが、この大きな道理がなければしょせんはだめである」〈注47〉と述べている。彼にとって、言論の自由とは「小さな道理」に

　　　〈注45〉「圧倒一切的是穏定（1989年2月26日）」『鄧小平文選（第3巻）』（人民出版社、1993年）284
　　　　　～285頁。
　　　〈注46〉「結束厳峻的中美関係要由美国採取主動（1989年10月31日）」『鄧小平文選（第3巻）』（人民
　　　　　出版社、1993年）331頁。

あたるものなのかもしれない。

そして、「共産党の指導」により、「安定した政治環境」は維持され、経済建設が推進される。すなわち、「我々の社会主義建設は、安定団結の条件下において、指導を与えながら秩序立って進めなければならない。……ブルジョア自由化をやって党の指導を否定すれば、10億の人民には凝集の中心がなくなって、党もまた戦闘力を喪失してしまうであろう」〈注48〉と述べ、「共産党の指導」を「凝集の中心」として位置づけている。

これら鄧小平の一連の発言を受けてそれに理論武装を施したのが、「人権白書」であったともいえよう。

2．「人権白書」における言論の自由

「人権白書」の公表およびその内容については、すでに中国内外において様々な評価がなされているが〈注49〉、言論の自由との関連において「人権白書」の特徴を筆者なりに整理すれば次のとおりである。

第1に、「人権問題には、国際性の一面があるにしても、主としてそれは一国の主権の範囲内の問題である」と述べ、人権に対する主権の優位を主張する。これにより、人権問題に対する国外からの批判を「内政干渉」であるとする。第2に、「一つの国家と民族にとって、人権とは何よりもまず人民の生存権である。生存権がなければ、その他の一切の人権はもう話にならない」と「生存権」の最優先を提起し、さらに、「中国は発展権問題を重視」しているとも述べる。中国において、「生存権」や「発展権」の享有主体について、個人よりも集団にその重点をおいて把握するのが法学界の多数説である〈注50〉。第3に、「中国共産党は社会主義中国の執政党であり、全中国の人民の利益の集中

〈注47〉「搞資産階級自由化就是走資本主義道路（1985年5月、6月）」『鄧小平文選（第3巻）』（人民出版社、1993年）124頁。
〈注48〉鄧・前掲注44論文196〜197頁。
〈注49〉「人権白書」の公表およびその内容についての日本における研究として、王雲海「人権への中国的接近」『一橋論叢』第112巻第1号（1994年7月）46〜60頁、土屋英雄編著『中国の人権と法——歴史、現在そして展望』（明石書店、1998年）137〜164頁、土岐茂「今日の中国における人権概念」『比較法学』第28巻第2号（1995年）33〜45頁、毛里和子「中国の人権——強まる国権主義の中で」『国際問題』No.449（1997年8月）33〜35頁等を参照。
〈注50〉例えば、徐崇温「人民的生存権是首要的人権」黄楠森・陳志尚・董雲虎編『当代中国人権論』（当代中国出版社、1993年）141頁、白桂梅「論新一代人権」『法学研究』1991年第5期（邦訳〔抄訳〕として、アジア法研究センター編「中国の人権論㈠」『立命館法学』第222号〔1992年第2号〕105〜106頁）等を参照。

的代表である。その指導的地位は、中国人民が独立と解放を勝ち取る長期にわたる苦難に満ちた闘争の中でなした歴史的選択である」と述べ、「共産党の指導」の堅持を強調する。中国人民が独立と解放を勝ち取ったのは「共産党の指導」のおかげであり、今後も「共産党の指導」を堅持して初めて「生存権」と「発展権」が十分に実現されるとする。したがって、「共産党の指導」に対する批判的言論および行動は集団としての中国人民の「生存権」、「発展権」の実現を妨げるものとして制限ないし抑圧される可能性があるのである。

　言論の自由については、「二、中国人民は広範な政治的権利を獲得した」という章において具体的に言及されている。同章においては、まず初めに、「共産党の指導」の下で、中国人民が「民主的権利を勝ち取った」ことを強調し、以下、他の章と同様に、憲法や法律法規上の規定と統計上の数字を根拠に、現在の中国において政治的権利が十分に保障されていることを論証している。この点について、中国憲法の研究者である土屋英雄氏は次のような批判を提起している。すなわち、「第一に、統計上の数字は人権保障の『質』を示すものではないこと、第二に、憲法・法令上の規定とその現実の運用の間には、深刻な乖離があること、第三に、憲法・法令上の規定そのものに多くの欠陥があること、第四に、憲法の実施を保障する制度が機能していないこと等が意図的に捨象されている」〈注51〉のである。

　さらに、指摘すべきことは、前述した「共産党の指導」の堅持および中国における「公民の基本的権利および義務」の本質の一つとされる「権利と義務の一致の原則」が、この政治的権利について記述した章において取りあげられていることである。すなわち、「人権白書」は「権利と義務の統一を強調することは、中国法制の基本原則の一つである」と述べ、「いかなる公民も、憲法および法律が規定する権利を享有すると同時に、憲法および法律が規定する義務を履行しなければならない」（憲法第33条第4項）、「中華人民共和国の公民は、自由と権利を行使するにあたり、国家・社会・集団の利益およびその他の公民の合法的な自由と権利を損なってはならない」（同第51条）という憲法の条文を引用しこれを例証している。「人権白書」が、「共産党の指導」の堅持および「権利と義務の統一」の原則をその総論部分ではなく、わざわざ政治的権利について説明した章で取りあげている点に、政治的権利の濫

〈注51〉土屋編著・前掲注49書139頁。

用の危険性、およびそれゆえの政治的権利の制限の必要性を特に強調しようとする中国政府の意図が表れているといえる。

第4章 『言論の自由と中国の民主』と日本

　鄧小平は1989年の「天安門事件」直後に西欧諸国による「人権外交」に対して次のように反駁したことがある。「西側の国家は我々が人権を侵害したというが、その実、彼らこそが人権を侵害してきた」〈注52〉。「アヘン戦争で中国侵略を開始して以来、彼らは中国のどのくらい多くの人の人権を損なってきたことか」〈注53〉。「人権白書」においても、「一、生存権は中国人民が長期にわたって勝ちとった最も重要な人権である」という章の中で、日本を含む帝国主義の侵略がいかに凄惨なものであったかということが詳細に記述されている。中国指導者層のこのような認識を中国の一般民衆の多くも肯定的に受けとめている。

　確かに、このような主張は一面において的を射ている。日本の戦後補償が今なお不十分である感は否めないし、日本における反中国論者と大東亜戦争肯定論者が一部において重なり合うこともまた事実である。しかしながら、だからといって、中国への贖罪意識から、中国の人権問題に口をつぐむという姿勢にも賛同できない。

　魏京生氏の妹である魏珊珊氏は、魏京生氏がまだ獄中にあった1996年に来日して次のように訴えた。「日本に戦争責任があると感じるのであれば、今の中国政府の人権弾圧に沈黙せず、声を上げてほしい。そうしないと、私たちは日本人に二度殺されることになる」。彼女の発言は今でも鮮明に私の記憶に残っている。

　土屋氏は、「国家と民衆を区別する必要がある」と主張する。日本民衆は中国民衆に対して加害者であったと同時に、日本国家との関係では被抑圧者であった。それと同様に、現在の中国の人権問題は、「自国の国権」による「自

〈注52〉「堅持社会主義、防止和平演変（1989年11月23日）」『鄧小平文選（第3巻）』（人民出版社、1993年）345頁。
〈注53〉「国家的主権和安全要始終放在第一位（1989年12月1日）」『鄧小平文選（第3巻）』（人民出版社、1993年）348頁。

国民の人権」の侵害なのである。そうであるにもかかわらず、中国指導者層が「国家」と「党・政府」と「民衆」の素朴な三位一体論でもって国外からの批判に対抗していることは、意図的な焦点のすりかえに他ならない、と彼は批判する。「日本民衆が直接的に、及び政府に圧力をかけて間接的に、中国民衆の人権問題を問うことは（日本の人権問題の場合、逆方向となる）、両国民衆の人権保障を強化することになろう。人権の主体は国家ではなく人間であるという視点が改めて確認されるべきである」という彼の主張に私は強く共感する〈注54〉。

　実際に、胡平論文の第2章等は、我々日本人にとっても、耳の痛い内容を含んでいる。言論の自由と憲法・法律、民主化と現代化の関係、権力に対する制約の重要性等は、中国に限った問題ではない。果たして、言論の自由の原則は、我々日本人の人心に深く浸透しているであろうか。

　「（言論の自由を論じ検証するという）作業には、あるユニークな点がある。すなわち、言論の自由が完全に存在していない時、（言論の自由を）論じ検証することはおそらく不可能であろう。しかしながら、この自由が完全に実現された時、それを論じ検証することはおそらく不必要となろう」。胡平論文の冒頭の一節である。もし、この胡平氏の論理に照らせば、まず第1に、私が胡平氏の論文を翻訳し公刊することが「可能」であるのは、私が生活の本拠をおく日本において、言論の自由がある程度「存在」しているからである。次に、私が、中国の状況を論じた胡平氏の論文を翻訳し、日本においてそれを公刊することが「必要」であるのは、中国において、さらには、日本においても、言論の自由の実現が「不完全」であるからである。言論の自由の問題は、すべての国のすべての人にとって普遍的な問題なのである。

〈注54〉土屋編著・前掲注49書20〜21頁、土屋英雄編著『現代中国の人権――研究と資料』（信山社、1996年）178頁。

訳者あとがき

本書所収の胡平諸論文の出典一覧
　すでに、解説において、胡平諸論文の出典を示しているが、ここであらためて整理しておく。

「私はなぜ『言論の自由を論ず』を書いたのか──序に代えて［我為什麼写《論言論自由》──代序］」
・書き下ろし
　胡平『給我一個支点』（聯経出版社〔台湾〕、1988年）3〜41頁に同名の論文が所収されているが、胡平代序は、この論文を全面的に書き直したものであり、両者は内容的にはまったく別の文章となっている。

「言論の自由を論ず［論言論自由］」
・第1稿：1975年7月
・第4稿：1979年3月（『沃土』特別号）
・第5稿：1980年6月（①「競選宣言」とともに発表、②『七十年代』1981年3月号〔総第134期〕、同年4月号〔総第135期〕、同年5月号〔総第136期〕、同年6月号〔総第137期〕〔連載〕、③『青年論壇』1986年7月号〔総第11期〕、同年9月号〔総第12期〕〔連載〕）
　本書において所収されているのは、『青年論壇』に掲載されたものの翻訳である。

「言論の自由は第一の人権である［言論自由是第一人権］」
・第1稿：1993年6月（『北京之春』1993年7月号〔総第2期〕）
・最終修正稿：2001年5月（①『中国之春』2001年8月号〔総第210期〕〔表題は「為言論自由不懈抗争──在芝加哥大学「六四」十二周年紀念会上的演講」］、②胡平『犬儒病──当代中国精神危機』〔博大出版社（アメリカ）、2005年〕）
　本書において所収されているのは、『犬儒病──当代中国精神危機』に掲載

訳者あとがき　171

されたものの翻訳である。

＊＊＊＊＊

胡平氏の著作

　胡平氏は、これまで精力的な執筆活動を続けており、現在でもその意欲はまったく衰える気配がない。胡平代序にも登場した「競選宣言」(1980年11月) をはじめ、「私有制と民主 [私有制与民主]」(1987年8月)、「民主の壁——10年後の再考 [民主墻：十年後的反思]」(1988年11月)、「犬儒病——現代中国の精神的危機 [犬儒病——当代中国精神危機]」(1998年2月～5月) 等、さらに翻訳して掲載したい論文も数多くあったが、本書の基幹論文である「言論の自由を論ず」の翻訳が思っていた以上に難航したこと、および本書の焦点を言論の自由の問題に絞りたかったことから、他の論文の翻訳・掲載は見送った。

　胡平氏の主な著作（単著）は以下のとおりである。なお、書名については、日本語に翻訳しづらいものもあるので、すべて中国語の原題で表記する。

①『我国経済改革的哲学探討』(中国経済出版社、1985年)
②『哲思手札』(圓神出版社 [台湾]、1988年)
③『給我一個支点』(聯経事業公司 [台湾]、1988年)
④『在理想与現実之間』(田園書屋 [香港]、1990年)
⑤『中国民運反思』(牛津大学出版社 [香港]、1992年)
⑥『従自由出発』(風雲時代出版公司 [台湾]、1994年)
⑦『一面之詞』(明鏡出版社 [香港]、1998年)
⑧『人的馴化、躱避與反叛』(亜州科学出版社 [香港]、1999年)
⑨『犬儒病——当代中国精神危機』(博大出版社 [アメリカ]、2005年)
⑩『法輪功現象』(新利東 [香港]、2005年)
⑪『数人頭勝過砍人頭』(晨鐘書局 [香港]、2006年)

　その他、胡平氏の主要論文は、雑誌『北京之春』のホームページにおいてみることができる。

　『北京之春』ホームページ（胡平文集）：http://beijingspring.com/bj2/2003/huping/hp.htm

＊＊＊＊＊

　本書の刊行にあたり、何よりもまず、「言論の自由を論ず」の翻訳を快諾して下さった胡平さんに心より感謝を申し上げたい。
　知らない日本人からいきなり「お会いしたい」という手紙を受けとって、胡平さんはきっと躊躇・警戒したにちがいない。無理もないことである。そうであるにもかかわらず、2003年9月、2008年12月の二度にわたり、アメリカ・ニューヨークの胡平さんの自宅を訪問した私を暖かく迎えて下さり、私のつたない中国語でのインタビューに辛抱強くつきあって下さった。翻訳は2008年秋から少しずつスタートさせたが、翻訳の過程においても、私の中国語能力の不十分さから、様々な疑問・問題が生じた。そのたびに、胡平さんに不明箇所を質問・確認するメールをお送りした。胡平さんは、その質問・確認メールにも、いちいち迅速・ていねい・詳細に回答して下さった。本当に「麻煩」であったにちがいない。胡平さんへのインタビューやメールのやりとりを通じて、私は、多くの新しい知見を得ることができた。私にとって、胡平さんとの「思想の交流」はただただ楽しかった。
　胡平さんのご厚情にどこまで応えることができたか、はなはだ心許ないが、本書が、多くの日本の読者に読まれ、言論の自由と中国の民主の問題が広く意識され議論されることを願ってやまない。
　最後に、売れ筋かどうかはきわめて微妙な本書の刊行を快く引き受けて下さった現代人文社の成澤壽信社長、および編集部の北井大輔さんにも深くお礼申し上げたい。とりわけ、北井さんには、胡平論文の翻訳刊行をご相談して以来、お世話になりっぱなしであった。「6月の刊行は難しいかも」と時折弱音を吐く私を、彼が叱咤激励し続けることがなければ、本書が6月に刊行されることはなかった。なぜ、「6月」なのか、それはいわなくてもわかるだろう。

石塚　迅
2009年5月1日

※本訳書は、2008年度（平成20年度）科学研究費補助金に基づく研究成果の一部である。

●著者
胡 平（Hu Ping）
1947年、中国北京市に生まれる。
1978年、北京大学哲学系修士課程に入学、西洋哲学史を専攻する（哲学修士）。
1979年、「民主の壁」運動に参加し、民間刊行物『沃土』に「言論の自由を論ず」を発表。
1980年、北京市海淀区人民代表大会の代表選挙（「競選」）に立候補し当選。
1987年、アメリカ・ハーバード大学博士課程に留学。
1988年〜1991年、「中国民主団結聯盟」主席を務める。
現在、雑誌『北京之春』主筆。ニューヨーク在住。
主要著作：
『給我一個支点』（聯経事業公司〔台湾〕、1988年）
『中国民運反思』（牛津大学出版社〔香港〕、1992年）
『人的馴化、躲避與反叛』（亜州科学出版社〔香港〕、1999年）
『犬儒病──当代中国精神危機』（博大出版社〔アメリカ〕、2005年）
『数人頭勝過砍人頭』（晨鐘書局〔香港〕、2006年）

●訳者
石塚 迅（いしづか・じん）
1973年、兵庫県神戸市に生まれる。
2002年、一橋大学大学院法学研究科博士後期課程公共関係法専攻修了（博士〔法学〕）。
日本学術振興会特別研究員、早稲田大学法学学術院比較法研究所助手等を経て、
現在、山梨大学教育人間科学部准教授。
主要著作：
『中国における言論の自由──その法思想、法理論および法制度』（明石書店、2004年）
『グローバル化のなかの現代中国法（補正版）』（共著、成文堂、2004年）
『アジア法研究の新たな地平』（共著、成文堂、2006年）

言論の自由と中国の民主

2009年6月4日　第1版第1刷

著　者　胡　平
訳　者　石塚　迅
発行人　成澤壽信
編集人　北井大輔
発行所　株式会社現代人文社
　　　　〒160-0004　東京都新宿区四谷2－10八ツ橋ビル7階
　　　　Tel: 03-5379-0307　Fax: 03-5379-5388
　　　　E-mail: henshu@genjin.jp（編集）/ hanbai@genjin.jp（販売）
　　　　Web: www.genjin.jp
発売所　株式会社大学図書
印刷所　シナノ書籍印刷株式会社
装　丁　Malpu Design（星野槙子）

検印省略　Printed in Japan
ISBN978-4-87798-417-5　C3031
©2009　胡平、石塚迅
◎本書の一部あるいは全部を無断で複写・転載・転訳載などをすること、または磁気媒体等に入力することは、法律で認められた場合を除き、著作者および出版者の権利の侵害となりますので、これらの行為をする場合には、あらかじめ小社または著者に承諾を求めて下さい。
◎乱丁本・落丁本はお取り換えいたします。